FAHREN MIT PFERDEN

Gert Schwindt

Fahren mit Pferden

Franckh-Kosmos

Mit 15 Farbfotos von Gerhard Kapitzke (1), Rick
van Lent sr. und jr. (4), Hans-Jörg Schrenk (4)
und Gert Schwindt (6) sowie 55 Schwarzweißillu-
strationen von Gerhard Kapitzke, Hannover.

Umschlaggestaltung von Atelier Jürgen Reichert,
Stuttgart, unter Verwendung von Fotos von Kit
Houghton, Hans-Jörg Schrenk (2) und Jaroslav
Vogeltanz.

Die Deutsche Bibliothek – CIP-Einheitsaufnahme

Schwindt, Gert:
Fahren mit Pferden / Gert Schwindt. – Stuttgart :
Franckh-Kosmos, 1995
  ISBN 3-440-06878-1

© 1995, Franckh-Kosmos Verlags-GmbH & Co.,
Stuttgart
Alle Rechte vorbehalten
ISBN 3-440-06878-1
Printed in Germany/Imprimé en Allemagne
Satz: Utesch Satztechnik GmbH, Hamburg
Druck und Binden: Huber KG, Dießen

Kosmos Verlag
Mitglied in der

DVSP e.V.

Deutsche Vereinigung zum
Schutz des Pferdes e.V.
Wienkamp 11 rechts
46354 Südlohn

Fahren mit Pferden

Fahren lernen

Es ist eine Augenweide, wenn ein schickes Gespann im flotten Trab vorbeigefahren kommt. Vielleicht werden bei dem einen oder anderen dann Kindheitserinnerungen wieder lebendig. Es mag aber auch die Leichtigkeit sein, mit der der Fahrer sein Gespann beherrscht, die den Zuschauer besticht.

Träumen Sie auch von einer Fahrt mit der Kutsche durch die freie Natur, wenn es dabei in flottem Trab einen weichen Wiesenweg entlanggeht? Begeistern Sie sich auch für eine Fahrt mit dem Planwagen übers Land, bei der Sie und Ihre Familie Erholung vom Streß des Alltags finden können? Träumen Sie immer noch von einer Fahrt mit dem Pferdeschlitten durch die verschneite winterliche Landschaft, wobei natürlich das Schellengeläut nicht fehlen darf? Oder möchten Sie ganz einfach Ihren Norweger oder Haflinger einspannen und mit ihm die nähere und weitere Umgebung Ihres Stalls erkunden? Oder möchten Sie, weil Ihnen das Reiten schwerfällt, jetzt lieber ins Fahrerlager überwechseln?

Dann fangen Sie es doch an, das Fahren! Ihr Pferd steht im Stall und muß auf jeden Fall bewegt werden. Ein Geschirr (so nennen sich die verschiedenen Lederteile, mit denen das Pferd in die Lage versetzt wird, einen Wagen oder einen Schlitten zu ziehen) können Sie sich leichen. Und ein Wagen läßt sich sicher auch auftreiben. Dann fehlt ja eigentlich nichts mehr zum Fahrvergnügen, oder?

Fahren sieht so einfach aus

Denn wie man fährt, das wissen Sie ja!? Zum Anfahren klatschen Sie dem Pferd die Zügel auf die Kruppe, rufen dazu »Hü!«, und schon setzt sich das Gespann zügig in Bewegung. Ihr Pferd trabt lustig vor sich hin, und wenn Sie dann nach rechts oder links abbiegen wollen? Ja, werden Sie sagen, dann ziehe ich eben am rechten oder am linken Zügel. Und was müssen Sie sonst noch beachten? Richtig, wenn es zu schnell wird, müssen Sie wieder langsamer werden können. Aber das kennen Sie ja auch, denn dann rufen Sie einfach »Brrrr!«, und schon wird Ihr Pferd langsamer oder bleibt, wenn Sie es möchten, auch stehen. So wurde und wird auch noch mit »ruhigen« und schweren Pferden, die im Arbeitsgeschirr gehen, gefahren und gearbeitet.

So sollte man sein Pferd nicht anspannen!

So manch einer hat schon versucht, diese Vorstellung in die Tat umzusetzen: Er hat seinem Pferd das ausgeliehene Geschirr aufgelegt. Als Kopfgestell wurde der Einfachheit halber die vorhandene Reittrense verwendet. Aus der Reittrense wurden die Zügel ausgeschnallt und statt dessen rechts und links je ein Longiergurt eingehängt. Anschließend erfolgte die erste Probe, vielleicht in der Reithalle oder auf der naheliegenden Koppel, aber nur mit dem Geschirr auf dem Rücken und ohne Zugstränge und erst recht ohne Wagen und ohne Schlitten.

Bis jetzt sieht das Ganze sehr einfach aus, und es ist in der Tat sehr einfach, denn statt auf dem Pferd zu sitzen, gehen Sie jetzt einfach hinter Ihrem Pferd her, anstelle von Kreuz- und Schenkelhilfen reagiert Ihr Pferd jetzt auf Ihre Stimme und auf die Peitsche.

Aber wenn es dann beim ersten Anspannen wirklich ernst wird, kann Ihr Pferd Sie ganz schön überraschen. Das Ziehen will eben doch gelernt sein. Der harmloseste aller Fälle sieht dann so aus: Ihr gutmütiges Pferd hat sich von Ihnen aufschirren lassen. Sie haben Ihr Pferd in der Reithalle oder auf der Koppel geführt. Nachdem bis dahin alles so gut ging, haben Sie es auf dem Hof vor den Wagen gespannt, ohne daß es dabei scheute oder sich anders zur Wehr gesetzt hat. Nun steigen Sie auf den Wagen, nehmen Ihre beiden Longiergurte in die Hand und wollen losfahren. Sie klatschen also kräftig mit den Longiergurten auf die Kruppe des Pferdes und rufen ihm ein freundliches »Hü!« zu, aber es rührt sich nicht vom Fleck. Sie bitten einen Bekannten, das Pferd anzuführen. Gemeinsam wiederholen Sie jetzt das Spiel, und wieder rührt sich das Tier nicht. Die Steigerung bestünde höchstens noch darin, daß Ihr Bekannter beim Versuch, Pferd und

Wagen anzuziehen, ins Schwitzen gerät. Sie lassen es jetzt sogar noch auf einen dritten Versuch ankommen: Einen weiteren Bekannten bitten Sie, den Wagen anzuschieben. Aber auch der dritte Versuch endet im Stillstand. Ja, warum?

Sie sind nicht der erste, dem solches widerfährt. Zum Glück ist dies der harmloseste und pferdeschonendste aller Fälle, kann aber mit einem unberechenbaren Pferd sehr gefährlich werden. Die anderen Möglichkeiten kennen Sie sicherlich von der einen oder anderen Stammtischrunde. Sitzen dabei mehrere Reiter zusammen und schneiden zufälligerweise das Thema Fahren an, dann kommen die wildesten Geschichten über durchgegangene Pferde und umgefallene Kutschen zur Sprache. Dies zeigt die Unkenntnis, aber leider auch den Leichtsinn, mit dem Pferdebesitzer dem Einspannen gegenüberstehen.

Wie gesagt, Fahren sieht so einfach aus, und Fahren ist auch einfach, wenn Sie sich ein wenig damit beschäftigen, die wesentlichen Grundregeln beachten und diese in der Praxis anwenden.

Das Fahrsystem nach Achenbach

In der Praxis wird »nach Achenbach gefahren«. Dieses Fahrsystem nach Benno von Achenbach wurde Anfang der zwanziger Jahre in Deutschland eingeführt und ist seitdem die Basis der Ausbildung für Fahrer und Pferd. Es ist gleichermaßen für alle Gespanne anzuwenden.

Benno von Achenbach hat in einer Zeit, in der das Pferd noch die Hauptlast aller Transporte zu erbringen hatte, intensive Studien der verschiedenen Anspannungsarten und Fahrmethoden durchgeführt. Er bereiste dabei Deutschland, Frankreich und England. Durch Vergleich und Bewertung aller Fahrstile, die er auf seinen Reisen kennenlernte, hatte er sich das Ziel gesetzt, unter Berücksichtigung der Schonung der wertvollen Pferde größtmögliche Zweckmäßigkeit und Sicherheit beim Fahren mit Pferden zu verwirklichen.

Auf der Basis des damals in England vorherrschenden Fahrstils entwickelte er das deutsche Fahrsystem, das unter dem Namen »Achenbachsystem« zum Standard geworden ist.

Die Merkmale des Achenbachschen Fahrsystems

Die wichtigsten Merkmale, die das Achenbachsystem kennzeichnen, sind:
- der Achenbachleine, die in der linken Hand gehalten wird
- der Peitsche in der rechten Hand des Fahrers
- der festen Hinterbracke oder Sprengwaage
- dem Aufbau des Mehrspännigfahrens auf korrektem Ein- und Zweispännigfahren
- dem Einleiten der Wendungen durch Nachgeben mit der jeweils äußeren Leine

Einheitliche Hilfengebung

Ähnlich wie durch die Anwendung einheitlicher Hilfen bei der Ausbildung von Reiter und Pferd, ermöglicht das Fahrsystem nach Benno von Achenbach eine einheitliche Anwendung der Hilfengebung bei der Ausbildung von Fahrpferden und Fahrern. Dies steigert die Sicherheit außerordentlich, denn durch die einheitliche Hilfengebung bereitet auch das Fahren verschiedener Gespanne, sofern sie korrekt ausgebildet worden sind, keine Schwierigkeiten.

Gespanne in der Land- und Forstwirtschaft

Im Gegensatz dazu ist nach wie vor in der Landwirtschaft und auch beim Holzrükken mit Pferden die Anleitung des Pferdes mit der Stimme zu beobachten. Dabei werden für die Wendungen nach rechts und links und für das Anfahren und Halten dem Pferd bestimmte Begriffe zugerufen.

Was sollten Sie nun, unter Berücksichtigung des Achenbachschen Fahrsystems, im einzelnen in der praktischen Anwendung bei sich selber und Ihrem Pferd beachten?

AUF EINEN BLICK:

Das Fahrsystem nach Achenbach

Zielsetzung:
- Schonung der Pferde
- Zweckmäßigkeit
- Sicherheit

Merkmale des Achenbachschen Fahrsystems:
- Leine in der linken Hand
- Peitsche in der rechten Hand
- feste Waage
- Einleiten der Wendung durch Nachgeben der äußeren Leine

Pferd und Ausrüstung

Freizeitfahren

Wenn wir vom Fahrsport sprechen, dann denken viele gleich an die großen Fahrturniere, bei denen Viererzüge nach der Siegerehrung unter dem Beifall der Zuschauer im Galopp den Turnierplatz verlassen. Man denkt an Riesenbeck und Wiesbaden, an Aachen und Donaueschingen und manch anderes bekannte Turnier. Aber nicht jeder hat die Möglichkeit, einen Viererzug zu fahren, und viele wollen auch gar nicht an Turnieren teilnehmen.

Nachdem die Fahrerei fast drei Jahrzehnte nur noch von ganz wenigen Enthusiasten betrieben wurde, hat sie in den letzten Jahren wieder eine ganze Reihe von Freunden dazugewonnen. Dazu gehört die Gruppe von Fahrern, die sich in der Freizeit ihrem Hobby widmet, um
● dem Pferd und sich selber Abwechslung zu bieten
● mit Pferd und Wagen an Tagesfahrten teilzunehmen
● bei Distanzfahrten mitzumachen.

Gemeinsam fahren

Was weckt nun das Interesse, und was fasziniert am Fahren? Die Antwort darauf lautet ganz einfach: Fahren verbindet!

Viele von uns freuen sich, wenn endlich das eigene Pferd im Stall steht. Nun können alle gemeinsam fahren, reiten kann aber immer nur einer in der Familie.

Bei der Teilnahme an Tagesfahrten, wie sie zum Beispiel in Süddeutschland häufiger veranstaltet werden, trifft man andere Gespannfahrer, und sofort entsteht der Kontakt zueinander. Beim Fachsimpeln über Geschirr und Kutsche lernt man sich schnell besser kennen, und zusätzlich wachsen Begeisterung und Know-how am Hobby.

Wenn Sie alleine über Land fahren, werden Sie mit dem Pferdegespann immer auf strahlende und interessierte Gesichter treffen. Häufig werden Sie bei einem Halt von jemand angesprochen, der sich mit Ihnen über Pferd und Wagen unterhalten möchte.

Fahren ist nicht gleich Fahren

Es gibt unter dem Oberbegriff »Fahrsport« viele Möglichkeiten. So wie beim Reiten in Dressur, Springen und Vielseitigkeit unterschieden wird, können beim Fahren Dressur, Hindernis- und Geländefahrten als die im Turniersport vorkommenden Disziplinen genannt wer-

Im Normalfall geht Ihr Pferd bereits beim ersten Mal ganz willig mit dem Geschirr. Vor allem, wenn es bereits an die Arbeit an der Hand gewöhnt wurde.

den. Darüberhinaus steht uns die breite Palette des Freizeitfahrens mit einachsigen Wagen, also mit einem Sulky oder einem Gig, oder mit familiengerechten zweiachsigen Kutschen, einer Wagonette oder einem Jagdwagen, zur Verfügung. Mit ihnen können Sie sich und Ihrem Pferd die Umgebung erschließen.

Für Fahrten mit der Gruppe bieten sich große Wagen wie Stell- und Planwagen an. Zusätzlich bieten sich die unterschiedlichsten Möglichkeiten der Teilnahme an interessanten Schauvorführungen, Distanzfahrten, Gedächtnisfahrten und Umzügen mit historischen Anspannungen.

Last but not least läßt sich die Zugkraft des Pferdes für leichte Arbeiten wie das Abziehen der Reithalle oder des Reitplatzes nutzen. Eine sehr schöne, abwechslungsreiche und hervorragende Trainingsmöglichkeit für das Pferd ist die Arbeit an der Doppellonge, die man auch dem Fahrsport zuordnet. In ihrer Verfeinerung kann sie bis zur Arbeit am *langen Zügel* führen.

AUF EINEN BLICK:

Möglichkeiten des Fahrsports
- Dressur
- Hindernis
- Gelände
- Schauvorführungen

- Distanzfahrten
- Gedächtnisfahrten
- Umzüge
- Ausflüge aller Art
- Reitplatz eggen

Wer eignet sich zum Fahren?

Möchten Sie sich mit Ihrem Pferd eine weitere Disziplin des Pferdesports erschließen? Auf jeden Fall sollten Sie dann einige Grundregeln bzw. Voraussetzungen beachten, die die Arbeit mit Ihrem Pferd im Geschirr und vor dem Wagen erleichtern und schließlich Pferd und Fahrer den neugewonnenen Sport mit Freude ausüben lassen.

Ganz oben auf der Liste der Grundregeln steht die Sicherheit für Mensch und Tier. Gleich danach kommt die größtmögliche Schonung des Pferdes. Weiter geht es mit den Eigenschaften, die ein Fahrer mitbringen sollte. Wenn Sie nicht so leicht aus der Ruhe zu bringen sind, stets die Übersicht behalten, wenn Sie und Ihr Pferd sich gegenseitig vertrauen, wenn Sie ein bißchen Kraft in den Armen und Händen haben, um auch einmal zupacken zu können, dann steht unserem Streifzug durch die Fahrlehre nichts mehr im Weg.

Der Fahrer/die Fahrerin muß noch stärker als beim Reiten mit seinem Pferd oder seinen Pferden mitdenken. Er muß schon fast vorausdenken, um stets »Herr oder Frau« der Situation zu sein. Daher ist die innere Ruhe eine nicht zu vernachlässigende Eigenschaft der Fahreraspiranten. Übung macht aber auch hier den Meister, denn mit wachsender Erfahrung überträgt man immer mehr Vertrauen und Ruhe auf die Pferde im Geschirr.

Genauso wichtig ist es, daß der Fahrer die Übersicht behält. Ebenso wie der Reiter muß er aufmerksam seine Umgebung beobachten. Es ist wichtig, Situationen zu erfassen, die das Pferd unter Umständen erschrecken könnten. Im Idealfall ist man seinen Pferden also immer ein paar Sekunden voraus, um nicht von ihren Reaktionen überrascht zu werden.

Alles zusammen sollte zu einem Gleichklang zwischen den Partnern Fahrer und Pferd führen, indem sich der eine auf den anderen verlassen kann, denn Fahren ist echte Teamarbeit.

Da es auf dem Kutschbock fast immer zieht, darf Ihnen weder Wind noch Wetter etwas ausmachen. Wenn Sie nun immer noch bereit sind, den etwas größeren Arbeitsaufwand in Kauf zu nehmen, den das Gespannfahren so mit sich bringt, dann sind Sie ganz richtig bei dieser neuen Disziplin des Pferdesports.

Die Eignung des Reitpferdes zum Fahren

»Aber nicht mit meinem Pferd!« Dieser Spruch wird jetzt wohl kaum noch aus Ihrem Munde kommen. In jedem Reitstall gibt es genügend Pferdefreunde, die sich eines Kommentars nicht enthalten

---

Grundregeln und Gebote für das Fahren
- Sicherheit für Mensch und Tier
- größtmögliche Schonung des Pferdes
- ruhiges, besonnenes Verhalten
- Vertrauen zwischen Pferd und Fahrer

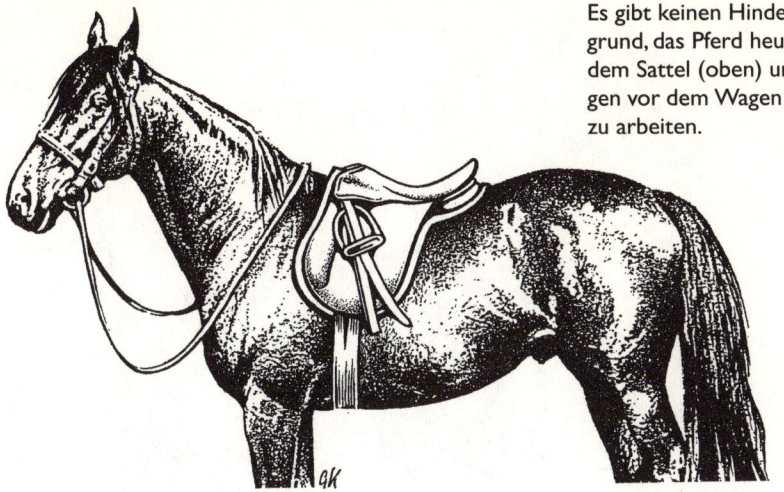

Es gibt keinen Hinderungs-
grund, das Pferd heute unter
dem Sattel (oben) und mor-
gen vor dem Wagen (unten)
zu arbeiten.

können. Von der Bemerkung, »Die armen Pferde!« bis zu der Frage, »Kann
denn ein Reitpferd überhaupt einen Wagen ziehen?« werden Sie wahrscheinlich
alles zu hören bekommen. Schadet es unseren Reitpferden denn nicht, wenn sie

im Trab vor einem Wagen und dann auch
noch auf harten Wegen gehen sollen?
Kann man denn ein Reitpferd, das erfolgreich in Dressur- oder Springprüfungen
startet, das womöglich Plazierungen der
Klasse L oder höher mit nach Hause ge-

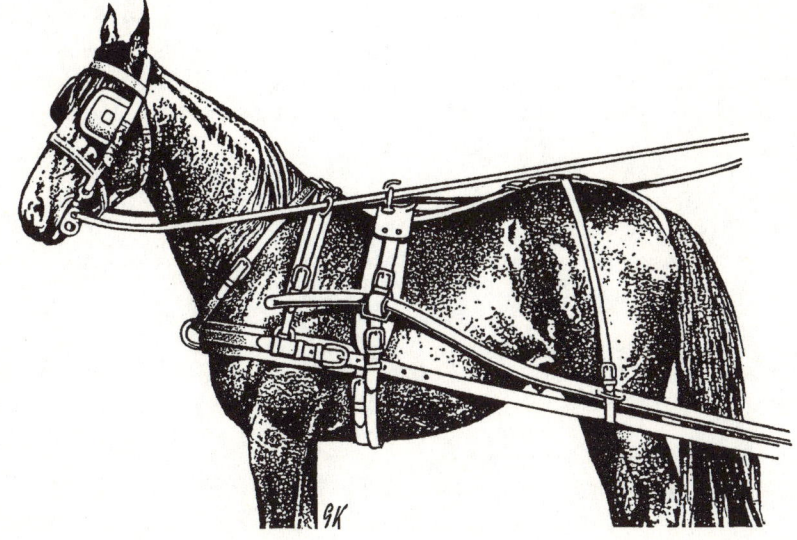

Vom Kaltblüter…

bracht hat, als Kutschpferd »mißbrauchen«? Oder es wird ganz kategorisch gesagt: »Mein Pferd geht nicht als Wagenpferd!«

Dabei kann jedes Pferd, ob groß oder klein, ob Vollblut oder Kaltblut, nicht nur unter dem Reiter, sondern auch vor dem Wagen, oder noch allgemeiner, es kann im Geschirr gehen. Damit keine Mißverständnisse aufkommen: Sie sollen Ihr Pferd jetzt nicht vor den schweren Mistwagen spannen und es schwere Lasten durch tiefen Boden ziehen lassen. Vielmehr geht es darum, darüber nachzudenken, ob es unseren Pferden, dem Shetland-Pony, dem Isländer, dem Welsh-Mountain, dem Haflinger, dem Norweger, dem Warmblüter, dem Vollblüter und vielleicht auch dem Kaltblüter möglich ist, zu seiner und zur Freude des Besitzers, vor einem jeweils passenden Wagen zu gehen.

Eignen sich Reitpferde zum Fahren?

Grundsätzlich eignen sich alle Pferde zum Ziehen von Wagen. Gerade Pferde mit Gebäudefehlern und Rückenproblemen, die den Tieren beim Reiten oft Schwierigkeiten machen, gehen oft mit großer Freude vor der Kutsche.

Vom Verhalten eines Pferdes unter dem Reiter kann man oft nicht auf seine Eignung als Kutschpferd schließen, da sogar unruhige Tiere, die schlecht stillstehen, sich oft zu ausgeglichenen Kutschpferden entwickeln.

Prinzipiell kann man mit Pferden aller Größen und Rassen den Fahrsport genießen. Dabei muß man lediglich beachten, daß man den passenden Wagen hinter das richtige Pferd spannt (siehe Seite 29/30).

Die Kraftübertragung

Beobachtet man den Bewegungsablauf des Pferdes, so spricht nichts dagegen, mit Pferden zu fahren. Natürlich gilt die Voraussetzung, daß sie mit Ruhe, Geduld und mit viel Einfühlungsvermögen korrekt auf das Fahren vorbereitet werden.

Genauso, wie es in der Lage ist, einen Sattel oder, noch allgemeiner ausgedrückt, Gewicht zu tragen, kann das Pferd auch seinen Vorwärtsdrang dazu nutzen, etwas zu ziehen. Die Muskulatur der Hinterhand ist so aufgebaut, daß ein energischer Schub erzeugt werden kann, der über das Geschirr in eine Zugkraft umgewandelt wird. Das Ziehen ist also ausgesprochen förderlich für die Aktivierung der Hinterhand, die dadurch zu vermehrtem Untertreten angeregt wird. Weil kein Gewicht zu tragen ist, wird gleichzeitig bei entsprechender Hilfengebung, eine deutliche Anhebung des Rükkens und damit eine Aufrichtung des Pferdes erreicht.

Das Pferd im Gleichgewicht

Oft wird das Argument vorgebracht, das Pferd im Zug befände sich nicht im Gleichgewicht. Das Gleichgewicht ist aber nur ein anderes als das unter dem Reiter. Dort soll die Hinterhand vermehrt untertreten, um hauptsächlich das Gewicht zu tragen. Im Geschirr schiebt die Hinterhand Vor- und Mittelhand nach vorne, um die Zugkraft zu erzeugen.

… bis zum schweren
Warmblüter …

Die gute Ausbildung des Kutschpferdes spielt dabei eine große Rolle. Achten Sie daher peinlich darauf, daß Ihr Pferd mit Ruhe und Gelassenheit angelernt wird und nicht brutal herangenommen wird. Leider geistern immer noch Geschichten herum, man brauche sich nicht so viel Arbeit mit dem Einfahren zu machen. Sondern das Pferd solle mit Härte, um nicht zu sagen mit Gewalt, im »Hau-Ruck-Verfahren«, zum Ziehen gebracht werden. Wer dies praktiziert, ist nicht nur auf das schärfste zu verurteilen, sondern er verstößt auch noch ganz klar gegen das Tierschutzgesetz.

Welches Reitpferd eignet sich zum Fahren?

Ob jung und gerade erst angeritten, oder alt und eigensinnig, in fast allen Fällen besteht die Möglichkeit, Ihrem Pferd eine neue Dimension der Betätigung zu eröffnen. Der Charakter (das Interieur)

Rechts oben: So sieht es aus, wenn man mit einem angeschirrten Pferd und drei Helfern an der Doppellonge die ersten Übungen versucht. Unten: Das Training mit der Doppellonge kann sich in hoher Perfektion zur Arbeit an der Hand am langen Zügel entwickeln.

spielt dabei eine wichtige Rolle. Ein Pferd kann beim Reiten ein völlig anderes Verhalten als beim Fahren zeigen! Deswegen ist der Rückschluß von den Reiteigenschaften auf das Verhalten vor der Kutsche nur bedingt zulässig. Sie werden staunen, mit welcher Freudigkeit ein Pferd mit Rückenproblemen die neue Disziplin annimmt. Genauso beachtenswert ist es, wie nervöse Reitpferde, die neben einem Lehrmeister gehen, auf einmal ganz ruhig und friedlich werden und sogar ruhig stehenbleiben. Lehrmeister nennt man das erfahrene Pferd im Gespann.

...vom leichten Vollblüter...

...bis zum Shetland-Pony können alle Pferde im Geschirr gehen.

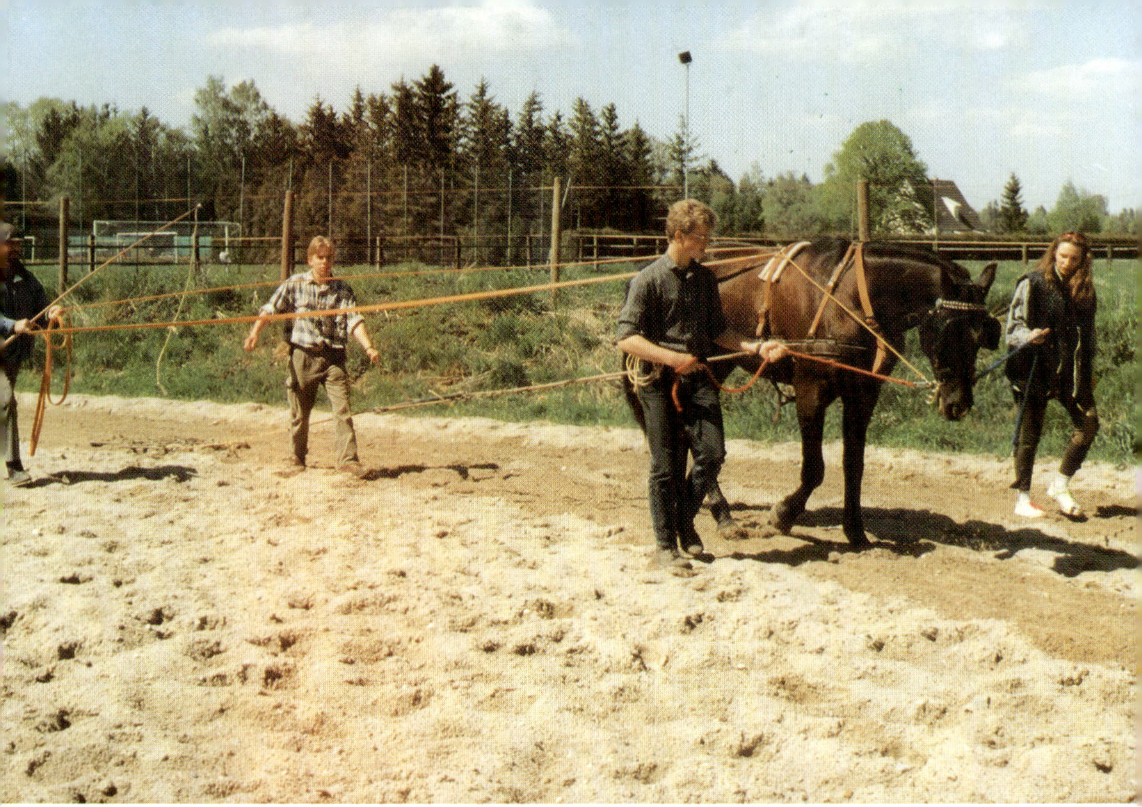

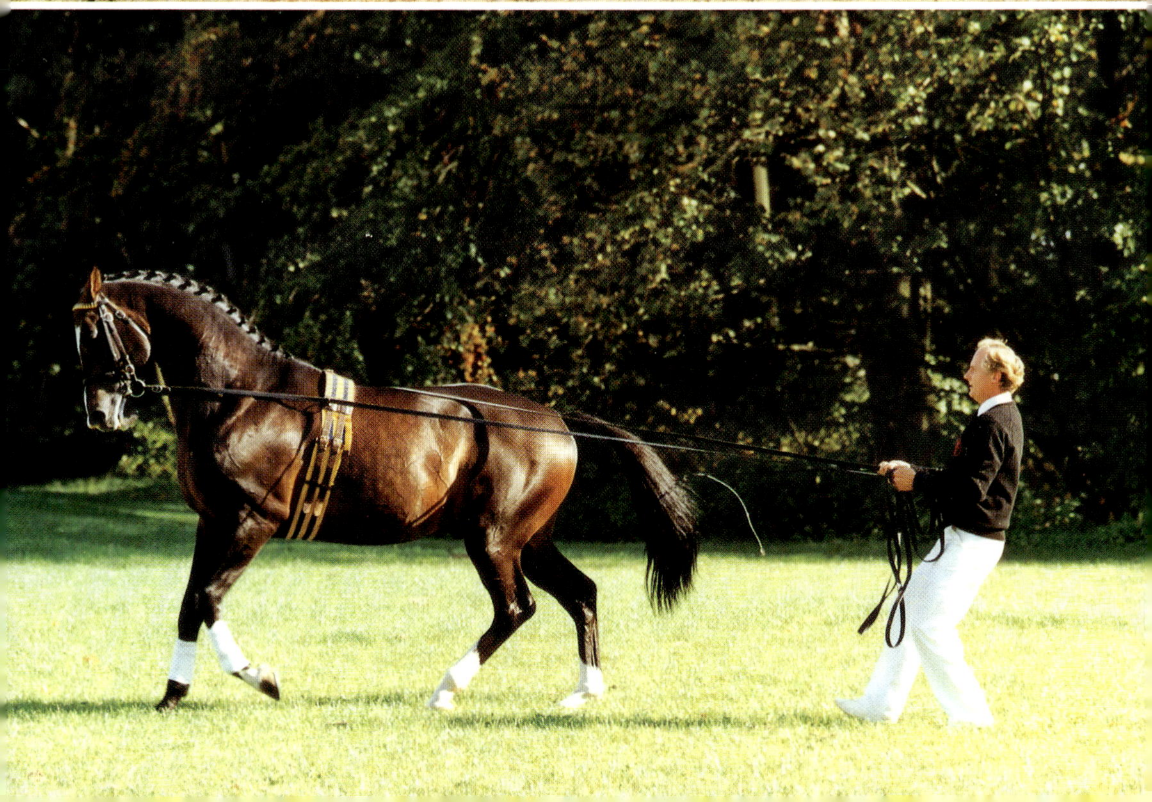

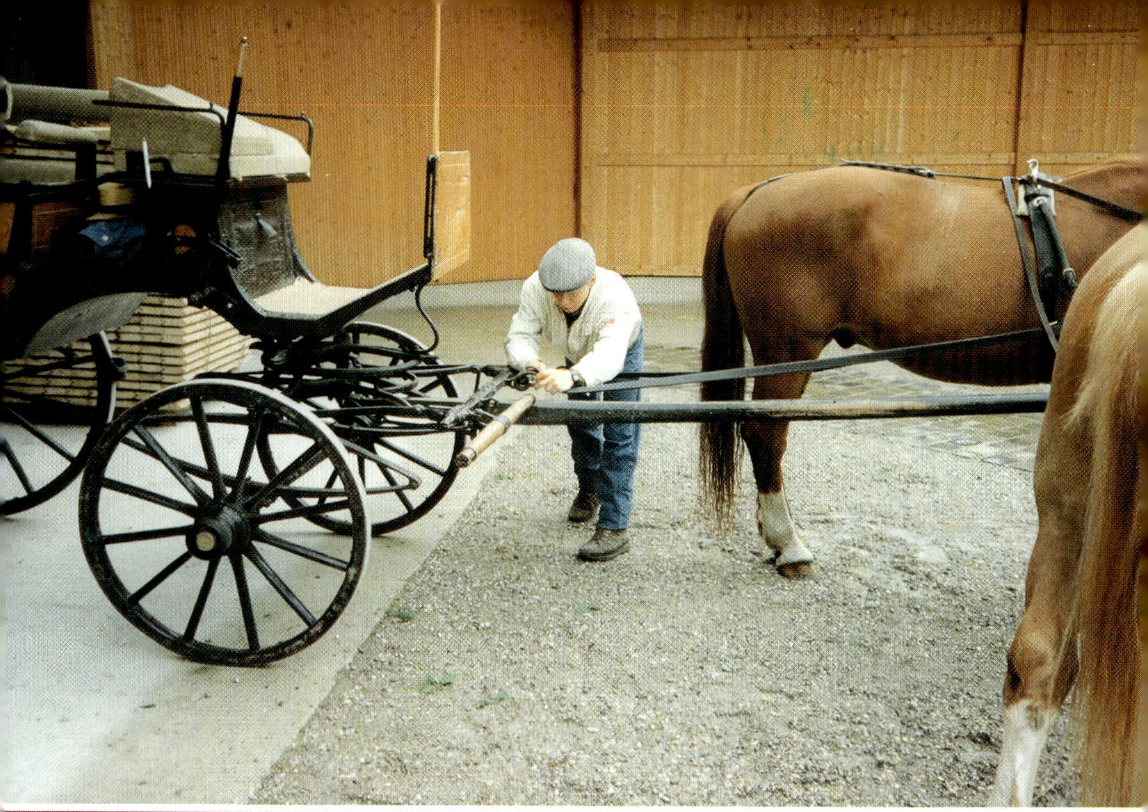

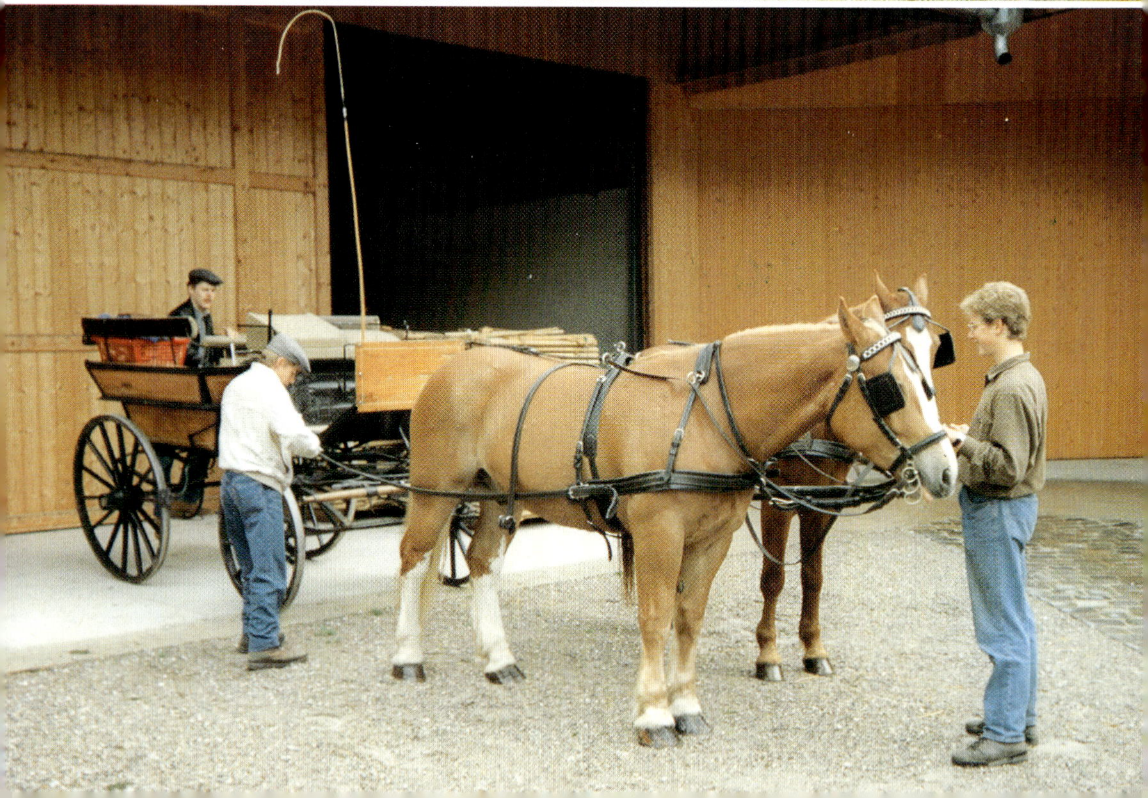

Grundsätzlich kann man bis auf wenige Ausnahmen sagen, daß vom Pony bis zum Shire Horse fast alle Pferde geeignet sind, im Geschirr zu gehen und willig auf die Hilfen zu reagieren. Wenn Sie also wirklich Interesse am Fahren haben, lassen Sie sich nicht von »guten Ratschlägen« pro und kontra Fahren verunsichern. Eins müssen Sie aber bedenken: Wie beim Reiten und auch in anderen Sportarten stellen sich die ersten Erfolge meist relativ schnell ein. Um jedoch Kontinuität, Ausdauer und bei einem Fahrpferd auch Zuverlässigkeit zu erreichen, bedarf es oft mehrerer Jahre steten Trainings. All diese Eigenschaften basieren selbstverständlich immer auf dem gegenseitigen Vertrauen zwischen Fahrer und Pferd.

Der Beschlag des Kutschpferdes

Es ist nicht sofort erforderlich, den Beschlag des Pferdes zu ändern. Arbeiten Sie mit Ihrem Pferd vorwiegend in der Halle, auf dem Platz oder auf nicht asphaltierten Wegen, dann benötigen Sie weder Stifte noch Stollen in den Hufeisen. Erst wenn Sie häufiger auf gepflasterten oder asphaltierten Straßen unterwegs sind, empfiehlt es sich, und das insbesondere bei schwererem Zug zum Beispiel vor dem Planwagen, darauf Rücksicht zu

Links oben: Beim »ersten« Anspannen wird zuerst der Lehrmeister und dann der Lehrling angespannt. Die Ortscheite sind beweglich am Vorderwagen befestigt.
Unten: Auch beim Anspannen des Lehrlings wird immer zuerst der äußere und danach der innere Zugstrang am Ortscheit befestigt.

nehmen und die Trittsicherheit der Pferde durch Verwendung von Schraubstollen zu erhöhen.

Das Geschirr

Sie benötigen zum Fahren etwas mehr an Ausrüstung als zum Reiten. Sie versetzen Ihr Pferd so in die Lage, etwas hinter sich herziehen zu können. Dazu benötigen Sie ein Geschirr, so nennt man die diversen Lederteile, die es dem Pferd ermöglichen, seinen natürlichen Vorwärtsdrang zum Ziehen zu benutzen.

Haben Sie vielleicht schon etwas von einem Kumt- oder einem Brustblattgeschirr gehört? Wenn nein, dann folgt eine ganz kurze Geschirrkunde: Regional verschieden haben sich im Laufe der Jahrhunderte die Formen der Anspannung und damit auch der Geschirre herausgebildet.

Das Kumt

Das Kumt hat sich als Arbeits- und Kutschgeschirr in den Mittelgebirgslandschaften, im süddeutschen Raum und in den Alpenländern durchgesetzt. Hier wird die Zugkraft des Pferdes auf ein kragenähnliches Gestell übertragen, das den Pferdehals umgibt und das auf den Schultern des Pferdes ruht. Am Kumt sind rechts und links Zughaken oder -ösen angebracht, in die in der einfachsten Form die Zugstränge eingehängt werden. Der rechte und der linke Zugstrang werden am Ende hinter dem Pferd an dem zu ziehenden Gegenstand angehängt.

Das Kumt bietet dem Pferd eine angenehme und schonende Art, den Zug

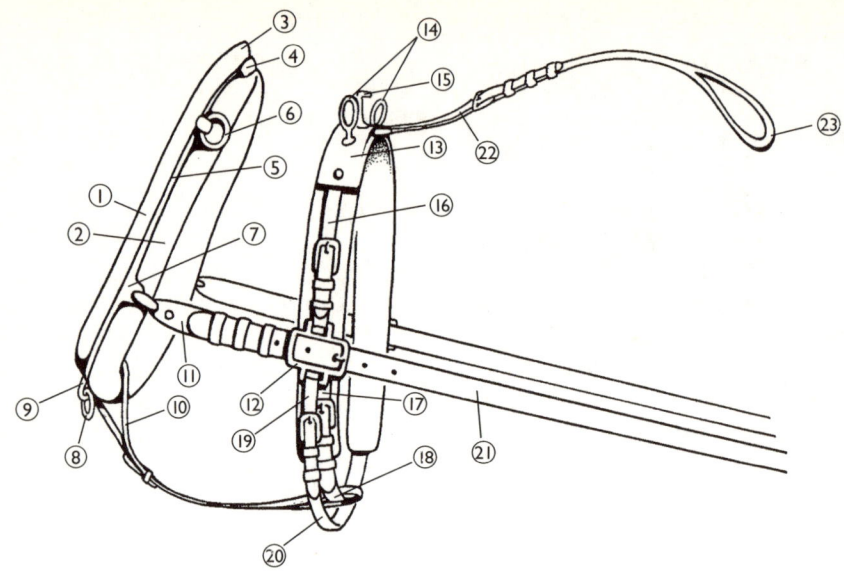

Zweispänner Kumtgeschirr (nur eine Hälfte dargestellt)

①	Kumtring	⑨	Langring	⑰	Bauchgurtstrippe
②	Kumtpolster	⑩	Sprungriemen	⑱	Großer Bauchgurt
③	Kumtspitze	⑪	Strangstutzen	⑲	Kleine Bauchgurt-
④	Kumtkappe	⑫	Strangstutzenschnalle		strippe
⑤	Kumtbügel	⑬	Kammdeckel	⑳	Kleiner Bauchgurt
⑥	Leinenaugen	⑭	Leinenaugen	㉑	Strang
⑦	Zugrampe	⑮	Aufsatzhaken	㉒	Schweifriemen
⑧	Aufhaltering	⑯	Oberblattstrippe	㉓	Schweifmetze

zu übertragen, da es auf den kräftigen Schultern aufliegt. Dies setzt aber auch voraus, daß es dem Pferd genau angepaßt worden ist. Ein zu großes oder zu weites Kumt liegt der Pferdeschulter nicht richtig auf. Ein zu kleines und zu enges liegt dem Pferd dagegen beengend auf der Luftröhre. Daher ist es also besonders wichtig, die Paßform genauso wie beim Sattel individuell zu prüfen. Die Verwendung eines Kumts für verschieden große Pferde ist daher begrenzt.

Neben dem Kumt vervollständigen Kammdeckel, kleiner und großer Bauch-

gurt, Schweifriemen und Sprungriemen das Geschirr.

Nebenbei sei erwähnt, daß die Herstellung des Kumts aufwendig ist und damit sein Preis auch höher liegt als der eines Brustblattgeschirrs, einer anderen Art der Anspannung.

Das Brustblattgeschirr

Auch Sielengeschirr genannt, besteht dieses Geschirr im wesentlichen aus einem breiten Ledergurt, der oberhalb der Buggelenke um die Brust des Pferdes herumgelegt wird. Rechts und links, etwa in der

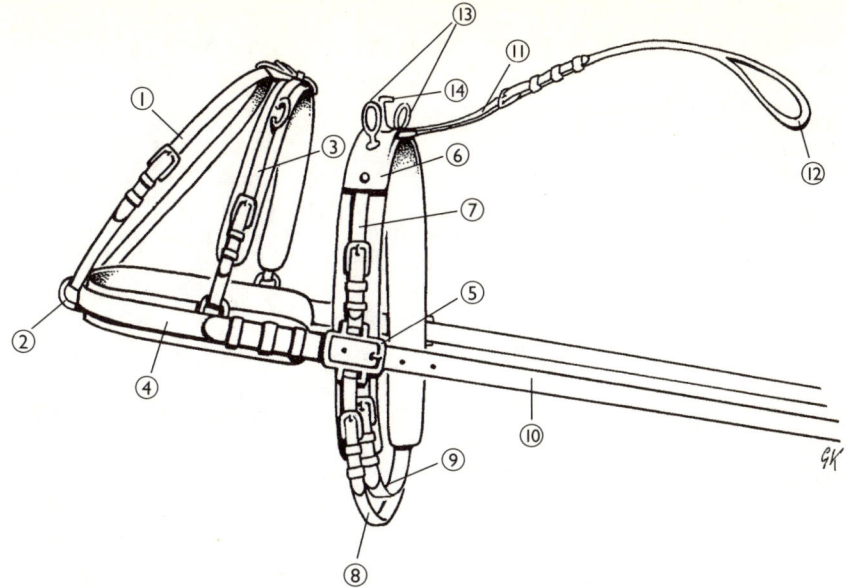

Zweispännerbrustblattgeschirr (nur eine Hälfte dargestellt)

① Koppelriemen
② Aufhalterring
③ Halskoppel
④ Brustblatt
⑤ Strangstutzenschnalle
⑥ Kammdeckel
⑦ Oberblattstrippe

⑧ Kleiner Bauchgurt
⑨ Großer Bauchgurt
⑩ Strang
⑪ Schweifriemen
⑫ Schweifmetze
⑬ Leinenaugen
⑭ Aufsatzhaken

Höhe des Sattelgurts, endet das Brustblatt in seiner einfachsten Form in je einem Zughaken oder einer Schnalle. Dort werden die Zugstränge eingehängt. Der rechte und der linke Zugstrang werden wie beim Kumt hinter dem Pferd an dem zu ziehenden Gegenstand befestigt.

Das Brustblatt hat sich im wesentlichen im Flachland des norddeutschen Raums, aber auch in Ungarn durchgesetzt. Der Vorteil des Brustblatts liegt darin, daß es sich ohne allzu großen Aufwand fast für jedes Pferd passend verschnallen läßt. Der Nachteil besteht darin, daß dem Pferd eine kleinere wirksame

Fläche zur Übertragung seiner Zugkraft bleibt. Trotzdem hat vor allem das Argument der Austauschbarkeit dazu geführt, daß immer dort, wo schnelles Einstellen und die Verwendung auf unterschiedlich großen Pferden gewünscht wird, sich das Brustblattgeschirr durchgesetzt hat. Dazu kommt der niedrigere Anschaffungspreis im Vergleich zum Kumt.

Damit das Brustblattgeschirr nicht vom Pferd herunterfällt, benötigen Sie, wie in der Abbildung oben zu sehen ist, noch Halsriemen, Halskoppel, Kammdeckel, kleinen und großen Bauchgurt und Schweifriemen.

Die verschiedenen Geschirrtypen und ihre Bestandteile

Kumt: Kumtkissen, Kumtbügel, Kumtgürtel, Langring, Aufhaltering, Kammdeckel, Schweifriemen, Strangstutzen, Zugstränge; beim Einspänner anstelle des Kammdeckels ein Selette

Brustblatt: Brustblatt, Halskoppel, Halsriemen, Kammdeckel, Schweifriemen, Zugstränge; beim Einspänner anstelle des Kammdeckels ein Selette

Kopfgestell: Nackenriemen, Backenstücke mit Scheuklappen, Stirnriemen, Nasenriemen, Kehlriemen

Gebiß: Liverpoolkandare, Postkandare, Doppelringtrense

Leinenlängen: Einspänner etwa 4,5 m; Zweispänner (Achenbachleine) etwa 4,5 m; Doppellonge ca. 17 m

---

Das Kopfgestell

Anstelle einer Trense mit hannoverschem oder englischem Reithalfter wird bei der Kumt- und der Brustblattanspannung ein sogenanntes *Kopfgestell* verwendet. Das Kopfgestell hat große Ähnlichkeit mit der Trense mit englischem Reithalfter. Man erkennt es an den Scheuklappen, die an den Backenstücken angebracht sind. Scheuklappen dienen nicht dazu, das Pferd daran zu hindern, im Straßenverkehr zu scheuen, sondern haben vor allem die Aufgabe, dem Pferd bei Mehrspännern die Sicht nach hinten zu nehmen. Dadurch kann es den Peitscheneinsatz bei den anderen Pferden nicht sehen, und es scheut nicht grundlos.

So soll das Kopfgestell beschaffen sein, das zum Fahren verwendet wird. Wichtig ist eine feste Verbindung zwischen den Scheuklappen mit einem eingenähten Draht, der bis ins Kopfgestell hineinreicht. Dadurch können die Scheuklappen genügend weit nach außen gestellt werden, und ein Berühren der Wimpern und Augen des Pferdes wird verhindert.

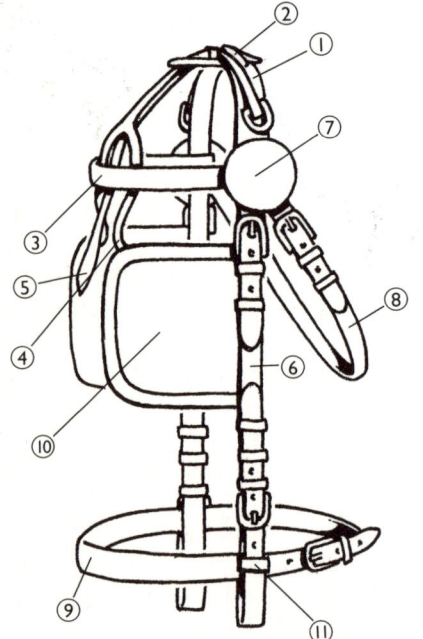

① Genickriemen
② Ansatzstelle für Blendriemenschnalle
③ Stirnriemen
④ Blendriemen
⑤ Spieler
⑥ Backenstück
⑦ Rosette
⑧ Kehlriemen
⑨ Nasenriemen
⑩ Scheuklappen
⑪ Durchlaß für Backenstück

Bei der Kumtanspannung ist im Kopfgestell meistens die Liverpoolkandare
verschnallt. Bei der Brustblattanspannung ist das Kopfgestell entweder mit
einer Doppelringtrense oder mit einer
Postkandare versehen. Ähnlich wie beim
Reiten sollte der Einsteiger nur die einfache Trense, also die Doppelringtrense
verwenden, da sie in ihrer Wirkung sehr
viel weicher als die Fahrkandaren ist. Die
Kandaren ermöglichen in gestufter An-
bringung der Leinen eine relativ weiche,
mittlere oder scharfe Gebißeinwirkung
(siehe Seite 44/45).

Beim Kopfgestell gibt es noch eine
andere Besonderheit: Der Kehlriemen
wird anders verschnallt, als Sie es von
der Reiterei her kennen. Damit sich das
Pferd das Kopfgestell nicht an der Schere
oder an der Deichsel abstreifen kann,
wird der Kehlriemen deutlich enger verschnallt.

Auf die Feinheiten der Geschirre und
die verschiedenen Macharten kann nur
am Rande aufmerksam gemacht werden.
Wer von Ihnen aber tiefer in die Fahrkunst einsteigen möchte, kann auf verschiedene weiterführende Bücher im An-
hang zurückgreifen. Eins soll aber noch
gesagt werden: Wenn Sie heute ein vor
der Kutsche angespanntes Pferd sehen, so
werden Sie es entweder mit englischem
Kumt und Kopfgestell oder aber mit
Brustblattgeschirr und Kopfgestell sehen.
Im ersten Fall sprechen wir von der Stadt-
anspannung, im zweiten Fall von der
Landanspannung. Die Geschirre sind all-
gemein in schwarzem Leder gehalten, die
verwendeten Beschläge sind vernickelt
oder verchromt. Für die angehenden Ex-
perten unter Ihnen: Die Anspannung mit
englischem Kumt wird im Vergleich zum
Brustblattgeschirr als die elegantere An-

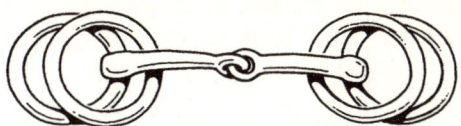

Oben: Eine weitere Gebißart, die bei Brustblatt-
anspannung verwendet werden kann, stellt die
Doppelringtrense dar. Nachteilig bei diesem
Gebißtyp ist die fehlende Einstellmöglichkeit.

Mitte: Zur Anspannung mit Kumt gehört die
Liverpoolkandare, bei der die Leine in verschiedenen Schlitzen eingeschnallt werden
kann. So läßt sich die Stärke der Hebelwirkung
variieren.

Unten: Zur Anspannung mit Brustblatt
verwendet man die Postkandare. Auch hier
kann die Leine zur Erzielung verschiedener
Hebelwirkungen von »stumpf« bis »scharf«
eingeschnallt werden.

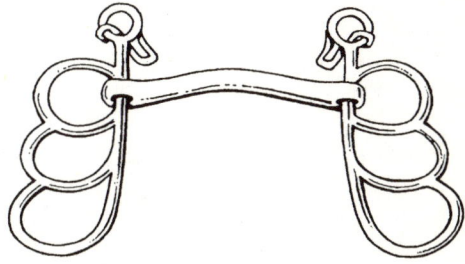

spannung bezeichnet. Aber das ist wie vieles wieder eine Frage des Geschmacks.

Die Leinen

Nun fehlt uns noch etwas, eigentlich das Wichtigste, das die Fahrkunst vom Reiten unterscheidet: Während Sie beim Reiten mit Kreuz, Schenkeln und Zügeln auf Ihr Pferd einwirken, bleibt dem Fahrer nur die Möglichkeit, mit den Händen, der Stimme oder der Peitsche einzuwirken. Als Verbindung zwischen Pferdemaul und Hand bedient er sich der Leinen. Bitte nennen Sie die Leinen niemals Zügel, denn dies wird bei den Fahrern nicht ger-

ne gehört. Die Leinen sind so wichtig, daß sie immer im besten gepflegten Zustand gehalten werden müssen. Wenn beim Reiten der Zügel reißt, dann können Sie sich immer noch irgendwie helfen. Aber wenn beim Fahren die Leine reißt ...

Deswegen gilt mein Rat an dieser Stelle, keine Experimente mit den Leinen zu machen, sondern konsequent, von Anfang an, beste Qualität zu verwenden und eine neue Leine zu kaufen, die aus hochwertigem Leder hergestellt worden ist. Das wird je nach Ihrem Bedarf eine Einspänner- oder eine Zweispännerleine sein, die korrekt Achenbachleine genannt wird. Diese Leinen sind überall im guten Fachhandel zu bekommen. Als einen Tick der Fahrer können Sie es bezeichnen, daß die Leine im Gegensatz zum schwarzen Geschirr braun ist. Und noch etwas zum Thema Leinen: Lassen Sie sich keine billige Importware aufschwatzen.

Das Wichtigste beim Fahren ist eine gute Leine aus bestem Leder. Oben ist die Einspännerleine dargestellt, darunter die Zweispännerleine. Für Großpferde sollte die Leine etwa 4,5 m lang sein.

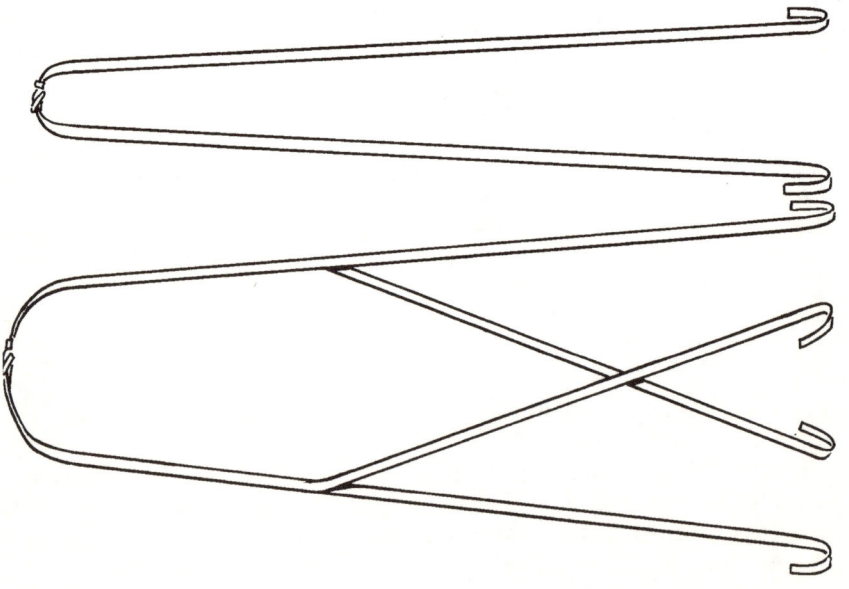

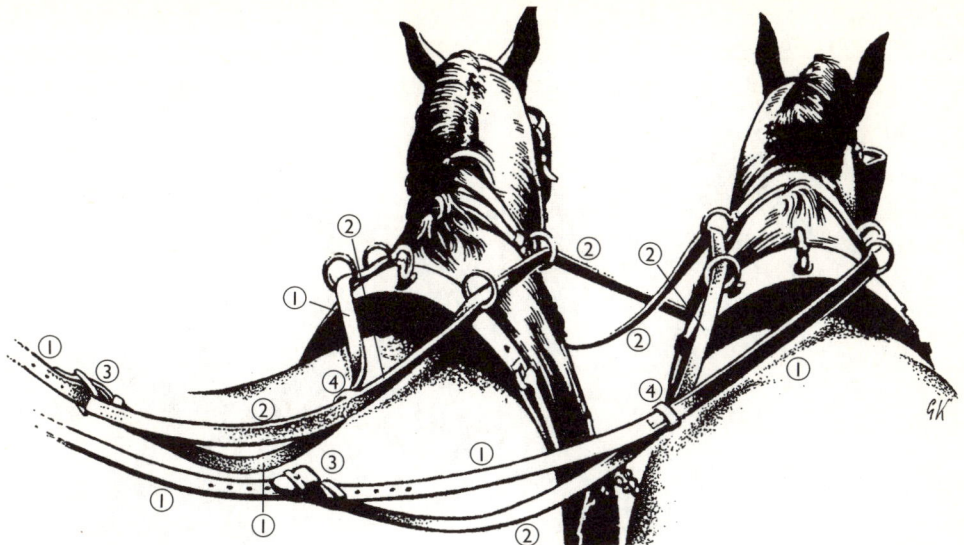

So verwirrend sieht es aus Fahrersicht betrachtet aus, wenn man die eingeschnallte Zweispännerleine das erste Mal betrachtet.

① Außenleinen
② Innenleinen
③ Kreuzschnallen mit Leinenschonern
④ Kreuzschlaufen

Mag der niedrige Preis auch noch so verlockend sein. Mit einer solchen Leine können Sie schon mittelfristig nur schlechte Erfahrungen machen, weil die Leine nach dem ersten Regen wie ein Gummiband lang und länger wird, oder weil die Leine zu dünn und damit nicht mehr griffsicher ist.

Denn darauf sollten Sie auch noch achten: Da die Leinen die einzige Verbindung zwischen Ihnen und dem Pferd herstellen, spielt auch ihre Breite eine entscheidende Rolle für Ihre Sicherheit. Die im Handel erhältlichen Leinen haben eine durchschnittliche Breite von 25–27 mm und sind etwa 3,5 mm dick. Achten Sie also darauf, daß die Leine Ihrer Wahl nicht breiter oder schmaler ausfällt. Um eine Leine gut festhalten zu können, ist diese Breite und Dicke sehr wichtig.

Ein eigenes Geschirr von Anfang an?

Nachdem Sie nun vielleicht mit dem Thema Leine übermäßig strapaziert worden sind, kommen wir noch einmal auf das Geschirr zurück. Bevor Sie sich nun ein eigenes Geschirr zulegen, sollten Sie sicher sein, daß Ihnen und Ihrem Pferd das Fahren Spaß macht und Sie auch in Zukunft regelmäßig anspannen wollen. Bis dahin versuchen Sie am besten, ein Brustblattgeschirr für Ihre Erprobungsphase auszuleihen. Aber auch bei dem geliehe-

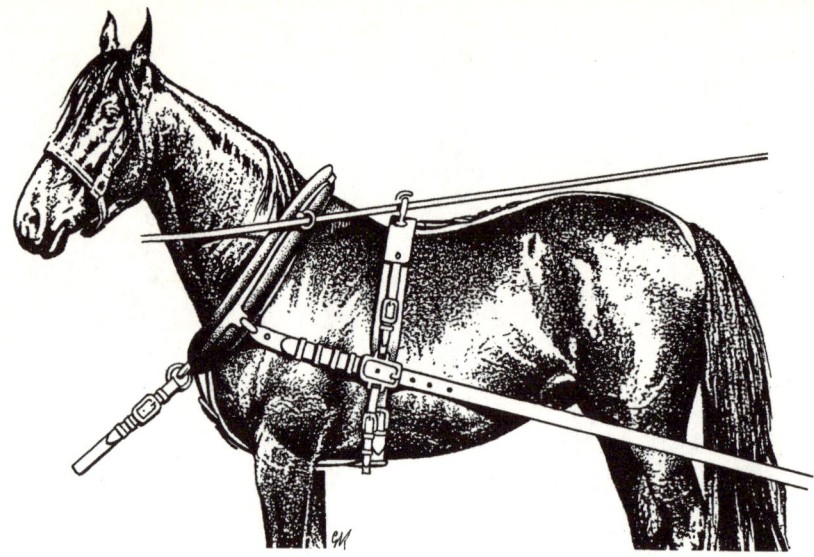

Beim Kumtgeschirr (oben) wird die Zugkraft vom Kumt auf die Schulter übertragen. Um Druckstellen zu verhindern, ist eine gute Paßform wichtig.

Das Brustblattgeschirr (unten) läßt sich in verschiedenen Bereichen verschnallen. Dadurch ist es möglich, ein Geschirr für unterschiedlich gebaute Pferde zu verwenden.

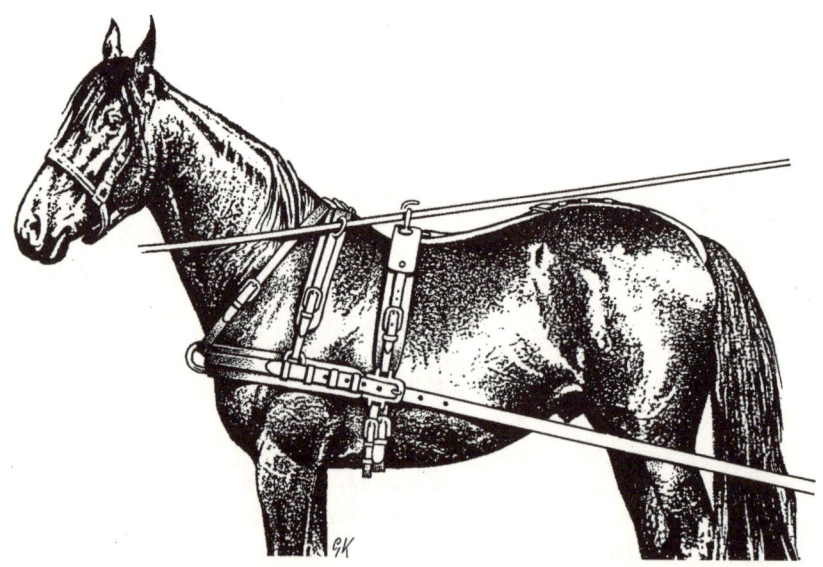

nen Geschirr sollten Sie darauf achten, daß es nicht seit vielen Jahren unbenutzt und ungepflegt auf einem Dachboden gehangen hat und dabei das Leder ausgetrocknet und brüchig geworden ist. Prüfen Sie sorgfältig die einzelnen Teile des Geschirrs auf ihre Vollständigkeit und Haltbarkeit. Wenn Sie sich nicht sicher sind, lassen Sie sich von einem erfahrenen Fahrer helfen. Er kann Ihnen immer mit Rat und Tat beistehen.

ob alt oder neu (Sie können durchaus wunderschöne neue Kutschen von einer Kutschenmanufaktur erwerben), und das betrifft sowohl den finanziellen Rahmen als auch ihre Ausmaße, eine größere Anschaffung darstellen. Ein nicht zu unterschätzender Aspekt ist die Unterbringung des Wagens. Haben Sie schon einen geeigneten Platz für Ihr zukünftiges Gefährt organisiert?

Wenn Sie noch keine Kutsche Ihr ei-

Der Wagen

Hier erwartet Sie nun eine der größeren Hürden. Wenn Sie natürlich einen passablen Wagen bereits Ihr eigen nennen können, dann dürfen Sie dieses Kapitel überspringen.

Die Beschaffung eines Wagens ist insofern eine größere Hürde, weil Kutschen,

Der Marathonwagen wird in verschiedenen Größen gebaut. Er eignet sich in seinen verschiedenen Ausführungen für das Ein-, Zwei- und Mehrspännigfahren. Aufgrund seines Einsatzgebietes auf Geländestrecken, sollten Menschen mit Bandscheibenschäden bei der Verwendung dieses Wagentyps vorsichtig sein.

gen nennen oder sich auch keine ausleihen können (auch das ist eine Möglichkeit), sich aber für einen Wagen entschieden haben, dann achten Sie bitte darauf, daß auch die unten angeführten Punkte von Ihnen überprüft werden und daß die notwendigen Teile am Wagen vorhanden sind. Eine nachträgliche Beschaffung ist immer mit zeitlichem und finanziellem Aufwand verbunden.

Wo können Sie eine Kutsche erwerben?

Es gibt mittlerweile wieder viele Märkte, auf denen Kutschen angeboten werden. Da gibt es den einen oder anderen Reit- und Fahrsportbedarf, der mit Kutschen handelt. In den einschlägigen Fachzeitschriften finden Sie genügend Inserate, die Kutschen zum Verkauf anbieten.

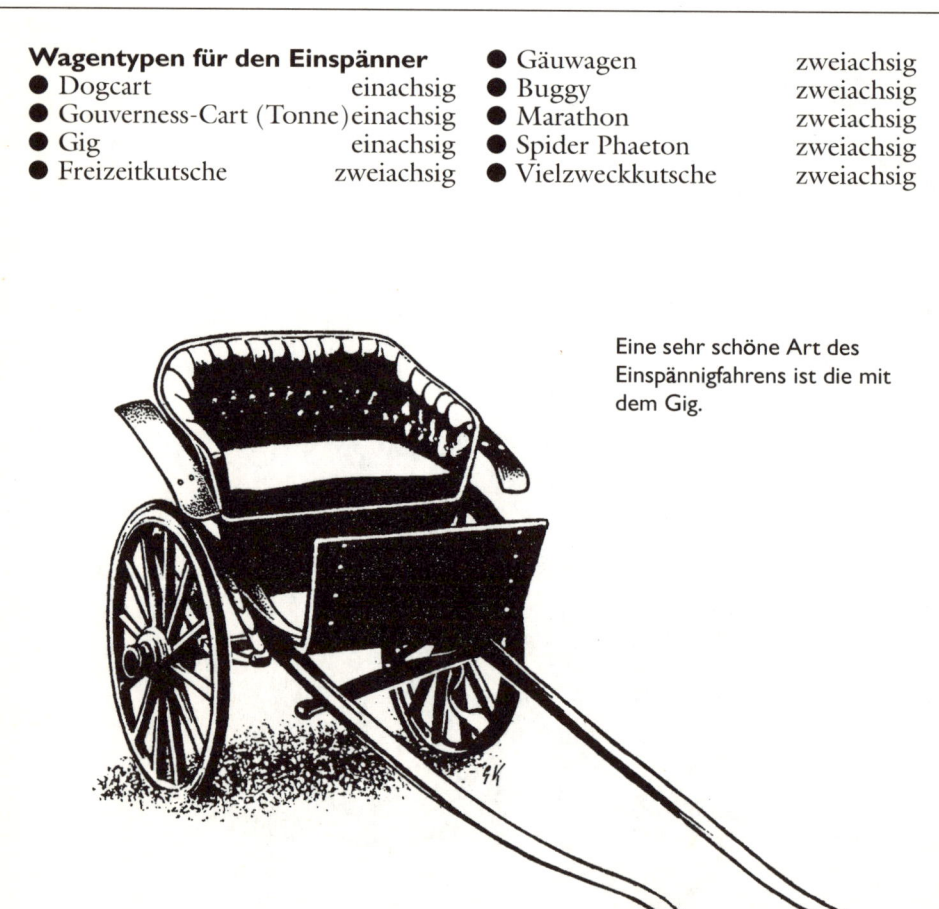

Wagentypen für den Einspänner
- Dogcart   einachsig
- Gouverness-Cart (Tonne) einachsig
- Gig   einachsig
- Freizeitkutsche   zweiachsig
- Gäuwagen   zweiachsig
- Buggy   zweiachsig
- Marathon   zweiachsig
- Spider Phaeton   zweiachsig
- Vielzweckkutsche   zweiachsig

Eine sehr schöne Art des Einspännigfahrens ist die mit dem Gig.

Damit kommen wir auch schon zum ersten Problem: Beim Lesen der Inserate werden Sie auf merkwürdige Namen wie Victoria, Wagonette, Break, Landauer, Marathon, Gäuwagen und viele andere mehr stoßen. Jetzt müßten Sie wissen, was sich hinter all diesen Namen verbirgt. Damit Sie ein Gefühl dafür bekommen, schauen Sie sich die verschiedenen Zeichnungen von Kutschen in diesem Buch an,

und überlegen Sie sich, welcher Wagentyp Ihnen gefällt. Dies ist natürlich wieder Geschmacksache, und da kann Ihnen niemand hineinreden.

Der passende Wagentyp

Zusammenfassend ist zu empfehlen, für das einspännige Fahren einen einachsigen Wagen wie ein Dogcart oder einen zwei-

---

Wagentypen für den Zweispänner

● Wagonette	zweiachsig
● Break	zweiachsig
● Victoria	zweiachsig
● Jagdwagen	zweiachsig
(Achenbachwagen)	
● Landratswagen	zweiachsig
● Spider Phaeton	zweiachsig
● Land-Vis-à-Vis	zweiachsig
● Marathon	zweiachsig
● Freizeitkutsche	zweiachsig
● Vielzweckkutsche	zweiachsig

Dieser leichte Wagen eignet sich besonders für den Hobbyfahrer mit einem oder zwei Pferden. Das geringe Gewicht von etwa 200 kg

spüren die Pferde kaum. Auf der kleinen Pritsche kann der Proviant für die Rast unterwegs bequem mitgenommen werden.

achsigen Wagen wie einen Buggy zu verwenden. Beides sind leichte Wagen, die den Sicherheitsanforderungen entsprechen.

Für das Fahren mit dem Zweispänner ist die Wagonette ein sehr praktisches und schönes Fahrzeug. Weiterhin ist hierfür der Jagdwagen (z. B. der sogenannte Achenbachwagen) zu nennen. Beide Wagen sind familienfreundlich und bieten mindestens vier bequeme Sitze. Für diejenigen, die es etwas sportlicher lieben, ist ein Marathonwagen zu empfehlen, mit dem Sie ein robustes, unverwüstliches und modernes Fahrzeug wählen.

Mit einem Marathonwagen können Sie auch einspännig fahren. Außerdem werden diese Wagen auch für Pferde mit unterschiedlichstem Stockmaß hergestellt, so daß bei diesem Wagentyp aus einem Angebot verschiedener Hersteller der passende Wagen ausgewählt werden kann.

Die ausreichende Spurweite

Ganz wichtig für die Standsicherheit des Wagens ist die Spurweite der Räder. Die Spurweite soll bei Wagen für Großpferde zweckmäßigerweise 1,30 m oder mehr betragen. Wenn Sie sich einen Wagen anschauen, ist es daher zu empfehlen, einen Maßstab mitzunehmen, damit Sie die Spurweite nachmessen können. Wichtig ist die Spurweite deswegen, weil bei einem Wagen mit geringer Spurweite die Gefahr besteht, daß dieser auf unebenen Wegen und im Gelände eher zum Kippen neigt.

Das gleiche gilt natürlich genauso für einen Wagen hinter einem Shetlandpony, einem Norweger oder einem Haflinger. Die vielfach anzutreffenden kleinen Wagen für Ponyanspannungen werden aus unerfindlichen Gründen auch immer mit einer geringeren Spurweite gebaut. Aber hier gilt dasselbe Prinzip wie bei den Wagen für Großpferde.

Die richtige Sitzposition

Damit der Fahrer nach vorn über das Pferd hinwegsehen kann, ist weiterhin ein genügend hoher Sitz auf der rechten Seite des Wagens wünschenswert. Dies hängt von Ihrer und von der Größe Ihres Pferdes ab. Sie können den genügend hohen Sitz leicht bei der Besichtigung überprüfen, indem Sie die Sitzposition auf dem Wagen einnehmen und unter Berücksichtigung der Größe Ihres Pferdes abschätzen, ob Sie frei nach vorne sehen können. Wenn es Ihnen aber gefällt, rechts oder links am Pferd vorbeizuschauen, dann soll nichts dagegen gesagt werden, wenn Sie einen Wagen mit niedrigerer Sitzposition erwerben.

Übrigens hat der Fahrer zum bequemeren Fahren, vor allem aber um ausreichend Bewegungsraum zu haben, die bessere Sitzposition, wenn er auf einem keilförmigen Bock mit seitlicher Begrenzung sitzt, der ein Herunterrutschen des Fahrers verhindern soll. Solch einen keilförmigen Sitz mit einer seitlichen Begrenzung können Sie übrigens auch im Fachhandel erwerben.

Beim Probesitzen auf dem Wagen prüfen Sie bitte auch, ob Sie bequem sitzen. Das gilt vor allem für kleinere Wagen zum Beispiel hinter einem Pony. Es ist nicht einzusehen, daß der Mensch für Wagen hinter Kleinpferden plötzlich kleiner werden soll. Grundsätzlich zeichnet sich die Sitzposition des Fahrers dadurch aus, daß ausreichend Platz für die Füße auf einem schräg gestellten Fußbrett vorhanden ist, daß der Fahrer beim Sitzen die Knie nicht anziehen muß, und daß er die Arme frei bewegen kann.

Eine funktionierende Bremse

Eine gut funktionierende Bremse gehört zu jedem Wagen und ist, wenn Sie im Straßenverkehr fahren möchten, sogar von der Straßenverkehrsordnung vorgeschrieben. Bei älteren Wagen ist dies im allgemeinen eine mit einer Kurbel oder einem Hebel zu bedienende Klotzbremse, die auf die Hinterräder wirkt. Da Sie rechts auf dem Wagen sitzen, achten Sie dann darauf, daß sich der Bremshebel oder die Kurbel griffbereit rechts neben Ihnen befindet. Bei neuen Kutschen sind meist Scheibenbremsen an den Rädern vorhanden. Dabei gibt es unterschiedliche Ausführungen und Bedienungsweisen: Scheibenbremsen nur an den Hinterrädern oder an allen Rädern. Diese Bremsen werden wie beim Auto mit einem Fußpedal hydraulisch betätigt. Bei verschiedenen Wagenbauarten besteht die Möglichkeit, die Hinter- und Vorderräder getrennt voneinander mit zwei getrennten Pedalen abzubremsen.

Stabile Räder

Wenn Sie ältere Kutschen mit Holzspeichenrädern erwerben wollen, achten Sie unbedingt auf den festen Sitz der eisernen Radreifen und darauf, ob die Radlager auch in Ordnung sind. Sie können dies relativ einfach feststellen, indem Sie das Rad mit einem Helfer zusammen ein wenig anheben und auf einen festen Untergrund aus wenigen Zentimetern Höhe wieder hinunterfallen lassen. Beim Auf-

prall muß das Rad hell klingen. Indem man von oben den Radreifen leicht anschlägt, kann man ebenso die Probe mit dem Hammer machen. Je weiter der Hammer zurückfedert, desto besser ist der Sitz des Radreifens.

Ob die Lager des Wagens, dies sind übrigens Gleitlager, noch in Ordnung sind, können Sie von außen zwar nicht mit hundertprozentiger Sicherheit feststellen, aber durch seitliches Wackeln am Rad können Sie überprüfen, wieviel Spiel zwischen Rad und Achse vorhanden ist.

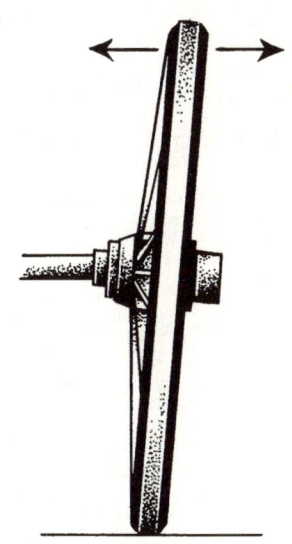

Beim Erwerb einer älteren Kutsche ist unter anderem die Qualität der Radlager zu prüfen. Zweckmäßigerweise wird dazu das Rad quer zum Wagen hin- und herbewegt. Das gute Radlager zeichnet sich durch geringes Klapperspiel aus.

Bei einem guten Lager ist dieses Spiel minimal. Ist das Lager dagegen ausgeschlagen, spüren Sie es sofort an dem dann vorhandenen großen Klapperspiel.

Gerade bei älteren Kutschen ist auch der Holzaufbau zu prüfen. Wenn der Holzwurm sich erst einmal eingenistet hat, dann kann die Stabilität schlagartig nachlassen. Deswegen gehen Sie ähnlich wie beim Gebrauchtwagenkauf vor und überprüfen Sie in Ruhe das vor Ihnen stehende und von Ihnen ausgesuchte Gefährt. Auch hier gilt wieder die Empfehlung, im Zweifelsfall einen Fachmann hinzuzuziehen, der Ihnen bei der Entscheidung hilft. Denn auch alte Kutschen sind nicht preiswert, und die Aufarbeitung ist eine zeit- und kostenintensive Angelegenheit, die dazu noch das handwerkliche Geschick und/oder aber einen Stellmacher und einen Schmied, der noch Radreifen aufziehen kann, in der Nähe erfordert.

Gabel oder Deichsel?

Nun wenden wir uns noch einmal dem vorderen Teil des Wagens zu. Wenn Sie einspännig fahren wollen, benötigen Sie eine *Schere*, auch Gabel oder Scherbäume genannt. Beim Zweispänner werden die Pferde an eine Deichsel gespannt.

Die Schere oder Gabel muß so beschaffen sein, daß sie nach vorne hin vom Pferd weg ausläuft. Sie beschreibt einen Bogen und ist nach hinten hin genügend weit gebaut, so daß das Pferd auch in der Wendung nicht von der Gabel behindert wird. Bei der Deichsel ist darauf zu achten, daß sie an der Deichselspitze eine ausreichende Höhe hat. Die Deichselbrille, so nennen wir die Spitze der Deichsel, soll sich etwa auf Buggelenkhöhe des Pferdes befinden. Bei Warmblütern bedeutet das etwa 1,10 m, bei Haflingern und Norwegern etwa 90 cm über dem Boden.

Das Ortscheit

Mit dem Ortscheit spannen Sie die Pferde an den Wagen. Beim Einspänner ist dies ein Ortscheit, das entweder an der Gabel oder an dem Wagen gelenkig angebracht ist. Beim Zweispänner benötigt man zwei Ortscheite, die bei älteren Wagen an einer Waage angebracht oder direkt am Vorderwagen montiert sind.

Feststehende Deichselbrille für die Anspannung des Zweispänners.

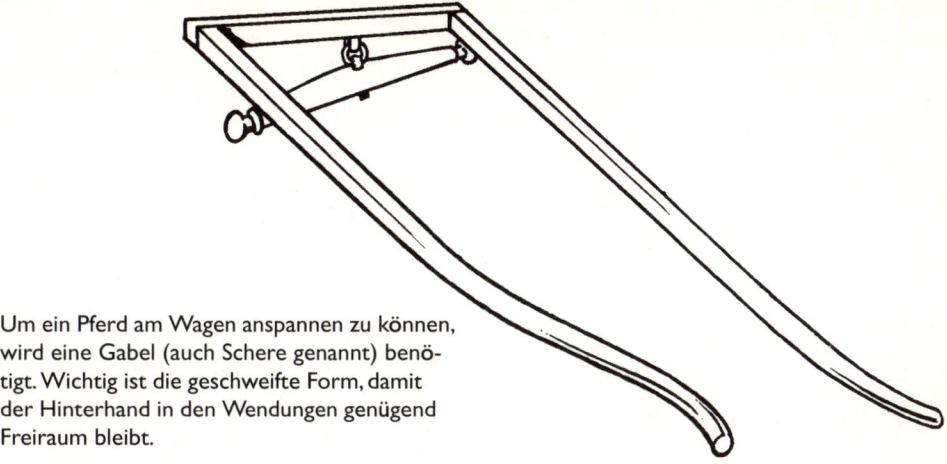

Um ein Pferd am Wagen anspannen zu können, wird eine Gabel (auch Schere genannt) benötigt. Wichtig ist die geschweifte Form, damit der Hinterhand in den Wendungen genügend Freiraum bleibt.

Die Beleuchtung im Straßenverkehr

Für das Fahren im Straßenverkehr muß die Kutsche mit zwei roten Rückstrahlern an der Rückseite, die nicht höher als 1,5 m über der Fahrbahn und möglichst weit links bzw. rechts, aber nicht weiter als 40 cm vom Fahrzeugrand entfernt angebracht sein müssen und mit jeweils zwei gelben Rückstrahlern an jeder Seite ausgerüstet sein. Zusätzlich muß das Fahrzeug mit mindestens einer weißen Leuchte nach vorne ausgerüstet sein, die ebenfalls maximal 40 cm vom Fahrzeugrand entfernt sein darf.

Aller Anfang ist schwer

Die Ausbildung des Fahrers

Bevor Sie mit der Ausbildung Ihres Pferdes beginnen, ist zu empfehlen, sich mit der Leinenhaltung und -führung auseinanderzusetzen und vertraut zu machen. Dies ist auch insofern von Bedeutung, weil die Griffe, die Sie auf der Basis des Fahrsystems nach Achenbach anwenden, bereits bei der Arbeit Ihres Pferdes an der Doppellonge benötigt werden.

Das Fahrlehrgerät

Im Kapitel Geschirr wurden bereits die Leinen angesprochen. Um die Grundzüge der Leinenhaltung zu erlernen, können Sie an einem Fahrkurs teilnehmen, was sehr zu empfehlen ist, und Sie können sich in Ergänzung dazu auch zu Hause oder im Stall ein sogenanntes Fahrlehrgerät selber aufbauen.

Die Griffe

Nachdem das Fahrlehrgerät in dieser einfachen Form (siehe Seite 37) von Ihnen fertiggestellt worden ist, Sie sich im richtigen Abstand auf einem Stuhl niedergelassen und eine Peitsche in Form einer Reitgerte in die Hand genommen haben,

kann die Übung zum Erlernen bzw. zum Wiederholen der Griffe beginnen.

Die Grundhaltung

Dies ist die Ausgangshaltung für alle Leinengriffe und Haltungen. In der *Grundhaltung* nehmen Sie die Leinen so in die linke Hand auf, daß die rechte Leine zwischen Mittel- und Ringfinger und die lin-

Rechts oben: Im Straßenverkehr muß der Fahrer besonders aufmerksam sein. Die Pferde, insbesondere ihr Ohrenspiel, die anderen Verkehrsteilnehmer und der richtige Sicherheitsabstand zur Seite sind immer zu beachten.
Unten: Mit dem Viererzug unterwegs. Diese reizvolle Perspektive erfordert allerdings fahrerisches Können.

Nächste Seite:
Links oben: Korrekt verschnallte Kopfgestelle mit genügend weit auseinanderstehenden Scheuklappen. Bei Ausfahrten im Sommer ist ein geeigneter Insektenschutz für die Pferde unerläßlich.
Unten: Eine ganz andere Art der Anspannung. Eines der beiden schweren Kaltblutpferde zieht den Wagen, während das andere nebenher läuft. Gelenkt wird mit Stimme und Stoßzügel, eine in der Landwirtschaft noch anzutreffende Art, Pferde zu fahren.

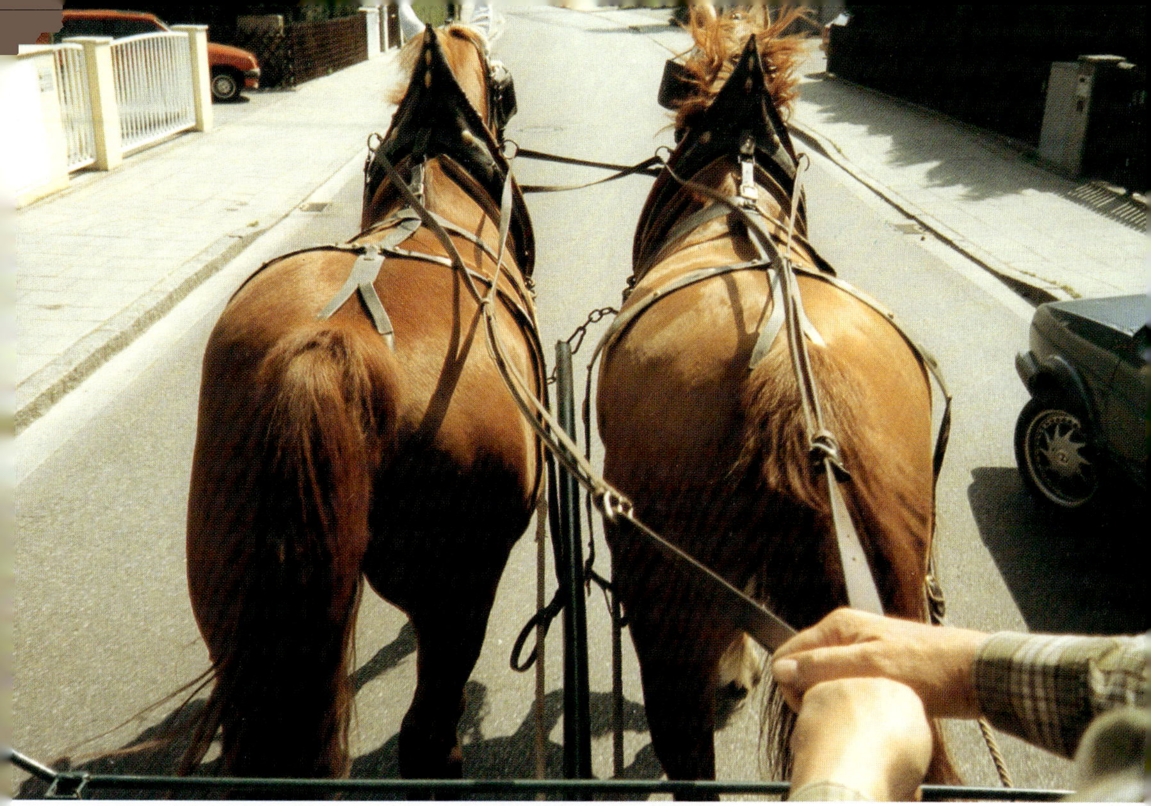
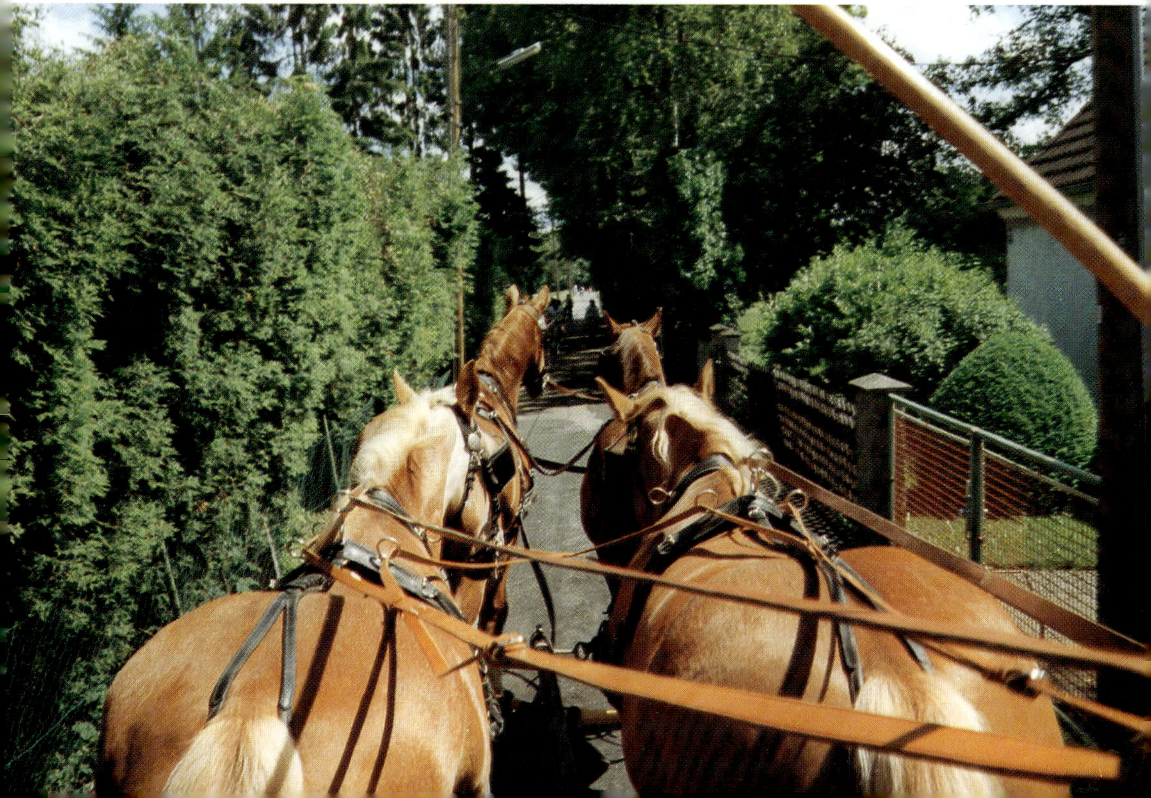

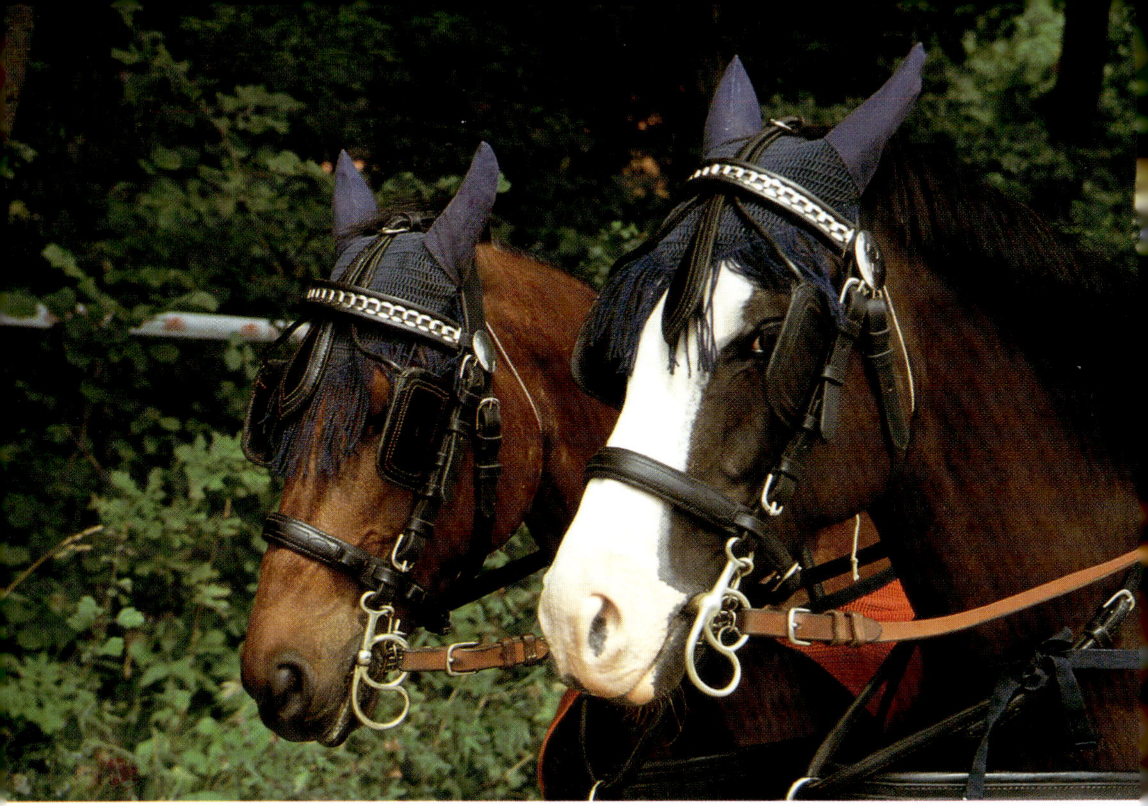
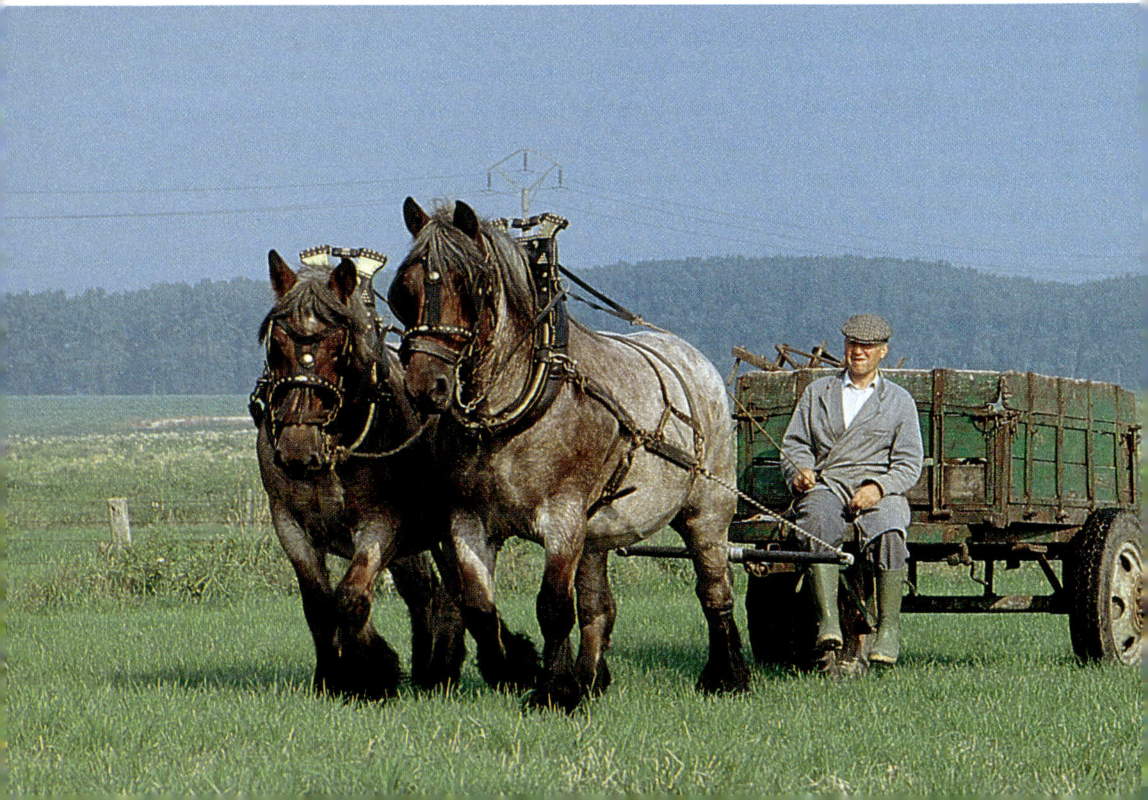

Bau eines Fahrlehrgeräts

Dazu benötigen Sie ein solides Brett oder einen Holzbalken mit quadratischem Querschnitt. In diesen schrauben Sie zwei bewegliche Ösen, die Sie überall in einer Eisenwarenhandlung oder in einem Baumarkt erwerben können, im Abstand von etwa 40 cm ein. Den Balken befestigen Sie nun mit zwei Schraubzwingen an einem stabilen Tisch. Als Ersatz für die Leine können Sie einen genügend breiten Rolladengurt oder aber auch im einfachsten Fall die Lederzügel des Reithalfters verwenden. Nicht geeignet sind Gurtzügel mit angenähten Stegen, da diese die für das Fahren nötigen Handgriffe nicht zulassen. Sie ziehen also die »Ersatzleine« durch die beiden Ringe und befestigen am Ende des Gurts bzw. der Zügel jeweils ein Gewicht von etwa einem Kilogramm. Dies entspricht der Gewichtskraft, die Sie normalerweise beim Ein- oder Zweispänner mindestens als Zugkraft auf die Leine ausüben müssen.

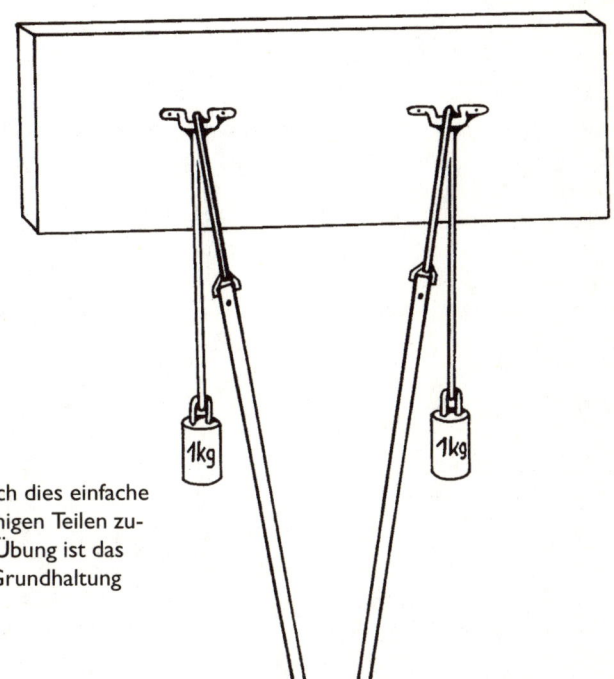

Zum Üben zu Hause eignet sich dies einfache Fahrlehrgerät, das sich aus wenigen Teilen zusammensetzen läßt. Als erste Übung ist das Festhalten der Leinen in der Grundhaltung zweckmäßig.

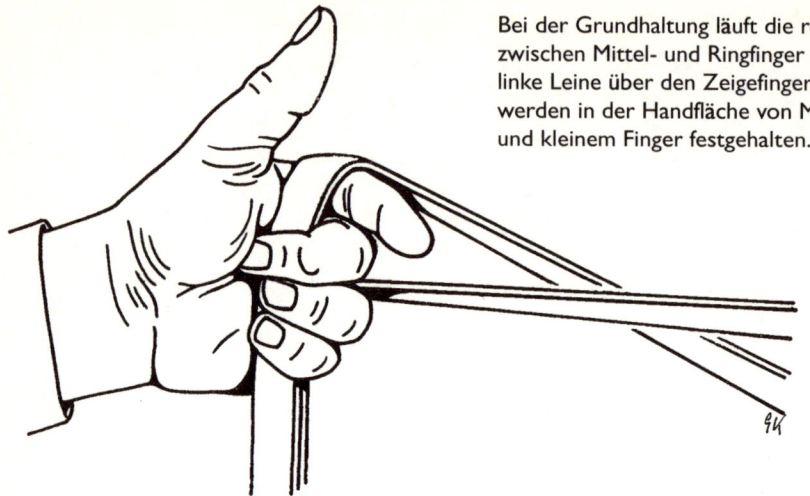

Bei der Grundhaltung läuft die rechte Leine zwischen Mittel- und Ringfinger durch und die linke Leine über den Zeigefinger. Beide Leinen werden in der Handfläche von Mittel-, Ring- und kleinem Finger festgehalten.

ke Leine über dem Zeigefinger zu liegen kommen. Beide Leinen laufen durch die Handfläche und werden durch das Schließen von Mittelfinger, Ringfinger und kleinem Finger so festgehalten, daß sie nicht aus Versehen durch die Hand gleiten können. Daumen und Zeigefinger bleiben unverkrampft und locker geöffnet. Die Peitsche wird genauso wie die Leinen nie aus der Hand gelegt, befindet sich in der rechten Hand und zeigt in einem Winkel von zirka 45 Grad nach vorwärts-aufwärts.

Verlängern der Leinen

Aus der Gebrauchshaltung heraus gibt es die Möglichkeit, beide Leinen zu verkürzen oder zu verlängern. Beim Verlängern greifen Sie mit der rechten Hand vor die linke Hand in die Leinen, indem Sie mit Daumen und Zeigefinger um die linke Leine herum und mit Mittelfinger, Ringfinger und kleinem Finger um die rechte Leine herum beide Leinen fassen. Nach

vorne läßt sich die Leine dann aus der sich leicht öffnenden Hand herausziehen. Die Leinen werden immer dann verlängert, wenn die Pferde im Geschirr stärker zu ziehen haben, wenn es bergauf geht, wenn das Tempo beschleunigt werden soll oder wenn sich die Pferde nach der Versammlung wieder strecken sollen.

Verkürzen der Leinen

Das Verkürzen der Leinen kann auf verschiedene Art und Weise durchgeführt werden. Am Anfang ist es am leichtesten, dieses *Hand vor Hand* durchzuführen. Dabei setzt sich die rechte Hand wie beim *Leinen-Verlängern* vor die linke Hand und hält die Leinen fest. Die linke Hand geht dann aus den Leinen und setzt sich vor der rechten Hand wieder in der oben angegebenen Grundhaltung in die Leinen. Anschließend geht die rechte Hand wieder vor die linke, und beide Hände gehen zusammen zum Körper zurück und verkürzen dadurch die Leinen.

Verkürzt werden die Leinen immer dann, wenn man das Tempo zurücknehmen möchte, beim Bergauffahren und beim Versammeln der Pferde.

Eine weitere Art ist das *zentimeterweise* Verkürzen der Leinen, bei dem sich die rechte Hand zentimeterweise nach vorne schiebt und die linke Hand nachfolgt und beide Hände wieder zum Körper zurückgehen.

Die durchgehende Parade

Bei der *durchgehenden Parade* werden die Leinen hinter der linken Hand mit der rechten Hand zwischen Zeigefinger und Mittelfinger durch Schließen des Ring- und des kleinen Fingers ergriffen. Die Leinen werden nach rechts unten am rechten Oberschenkel vorbei, bei gleichzeitigem leichten Öffnen der linken Hand, verkürzt, und der Wagen kommt zum Stehen.

Die vorübergehende Parade

Außerdem besteht die Möglichkeit, die *vorübergehende Parade* anzuwenden. Dabei geht die rechte Hand auf beiden Leinen weit nach vorne vor, hält dort die Leinen fest, und während die rechte Hand die Leinen verkürzt, weicht die lin-

Bei der vorübergehenden Parade gleitet die rechte Hand aus der Gebrauchshaltung weit auf beiden Leinen nach vorn, umfaßt sie

fest und zieht beide Leinen zurück, während die linke Hand vor dem Körper nach oben ausweicht.

ke Hand vor dem Oberkörper nach oben aus. Diese vorübergehende oder scharfe Parade kommt dann zum Einsatz, wenn das Gespann sehr schnell durchpariert werden muß, also in erster Linie bei unvorhersehbaren Zwischenfällen oder Gefahren, bei denen eine sehr schnelle Reaktion nötig ist.

Die Gebrauchshaltung

Da die linke Hand stets beide Leinen halten muß, ist es wichtig, sie auf längeren Strecken nicht zu überanstrengen. Dazu setzt sich in der Grundhaltung die rechte vor die linke Hand, umschließt dabei mit

In der Gebrauchshaltung setzt sich die rechte Hand vor die linke in die Leinen. Kleiner, Ring- und Mittelfinger der rechten Hand umgreifen dabei die rechte und der Zeigefinger umfaßt die linke Leine.

Daumen und Zeigefinger die linke Leine und hält mit Mittel-, Ring- und kleinem Finger die rechte Leine. Die Peitsche hält man nun mit Daumen und Zeigefinger der rechten Hand. Dies ist die *Gebrauchshaltung*. In dieser Haltung unterstützt die rechte die linke Hand, die sich dabei zwischendurch lockern kann. So vermeidet man die Überanstrengung der Sehnen und verhindert eine Sehnenscheidenentzündung.

Arbeits- oder Dressurhaltung und Wendungen

Bisher fehlen Ihnen die Voraussetzungen, Wendungen zu fahren. Dazu muß man jede einzelne Leine um ein entsprechendes Maß verlängern können bzw. mit ihr nachgeben. Die dafür erforderliche *Arbeits- oder Dressurhaltung* wird eingenommen, indem die rechte Hand die rechte Leine aus der linken Hand um etwa 15–20 cm zur Seite nach rechts herauszieht. Die rechte Hand hält dabei die

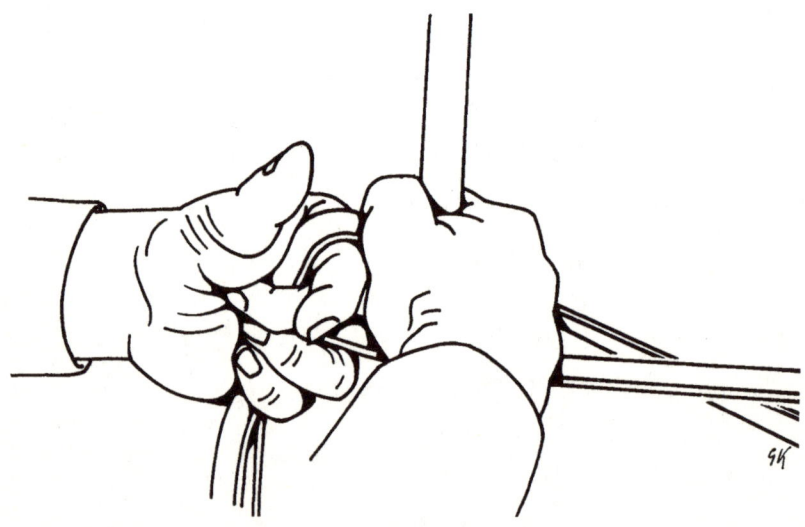

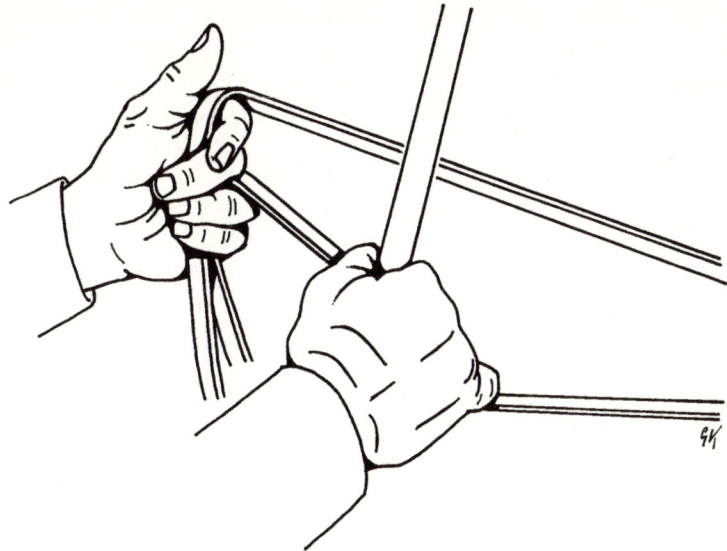

Für die Dressur- oder Arbeitshaltung zieht die rechte Hand die rechte Leine etwa 20 cm nach rechts aus der linken Hand heraus. Dabei umschließen Mittel-, Ring- und kleiner Finger die rechte Leine.

rechte Leine mit Mittelfinger, Ringfinger und kleinem Finger umschlossen. Die Peitsche bleibt in der rechten Hand und wird von Daumen und Zeigefinger festgehalten. Durch Nachgeben mit der rechten Hand leiten Sie eine Linkswendung ein, durch Nachgeben mit der linken Hand leiten Sie eine Rechtswendung ein.

Weiterführende Hilfen

Die Grundhaltung, Arbeits- oder Dressurhaltung und Gebrauchshaltung werden durch eine Reihe von feinen Hilfen ergänzt. Dazu gehört genauso das Fahren mit einer Hand, das Einleiten von Wendungen mit einer Hand, der Gebrauch der Peitsche, der Gebrauch der Bremse, das Verlängern oder Verkürzen einzelner Leinen (*Filieren*), das Geben von Verkehrszeichen etc. Alle weiteren Einzelheiten können der weiterführenden Fachliteratur entnommen werden.

Die Grundhandgriffe als Voraussetzung

Am Anfang ist es für Sie außerordentlich wichtig, die Grundhandgriffe zu üben, bis Sie in der Lage sind, diese anzuwenden, ohne auf Ihre Hände sehen zu müssen. Vielleicht kann man es mit dem Erlernen des Autofahrens vergleichen, bei dem jeder von uns anfangs sicherlich Schwierigkeiten hatte, gleichzeitig Kupplung und Gas beim Anfahren und Schalten entsprechend gefühlvoll zu bedienen. Nach einiger Zeit ist uns das in Fleisch und Blut übergegangen, und wir koordinieren die Tätigkeit der Füße im richtigen Maß. Genauso wird es nach einiger Zeit mit den Griffen zur Leinenhaltung. Sobald Sie es oft genug geübt haben, macht es Ihnen keine Schwierigkeiten mehr, die Linkswendung durch Nachgeben mit der rechten Hand bzw. der rechten Leine einzuleiten, die Rechtswendung durch Nachgeben mit der linken Hand bzw. der linken Leine einzuleiten. Ob Reiter oder nicht Reiter, ob jünger oder älter, im allgemeinen können Sie diese Griffe, stetiges Üben vorausgesetzt, in einer Zeitspanne von fünf bis zehn Tagen erlernen.

Die Ausbildung von Pferd und Fahrer

Unterricht für Fahrer und Pferd

Sie sind also nach wie vor fest entschlossen, fahren lernen zu wollen? Und Sie möchten dazu auch Ihr Pferd einspannen? Dann schlage ich Ihnen vor, mit Ihrem Pferd zusammen Unterricht zu nehmen. Alternativ können Sie natürlich auch Ihr Pferd in ein Internat geben, wo es von einem erfahrenen Ausbilder eingefahren wird. Oder Sie können Einzelunterricht bei einem Fahrlehrer nehmen. Dies ist wohl die beste Lösung, da Sie und Ihr Pferd gleichermaßen gefördert werden und miteinander lernen können.

Kennen Sie Ihr Pferd?

Da Sie am Anfang Ihrer Karriere zum passionierten Fahrer stehen, können Sie, bei Wahrung der nötigen Vorsicht, die ersten Lektionen auch selber versuchen. In jedem Fall ist es wichtig, einen Fahrkurs zu absolvieren, da man sich sonst durch Unwissen leicht in Gefahr begeben kann!

Bisher ist Ihr Pferd von Ihnen geritten worden. Daher kennen Sie sein Verhalten auch außerhalb des heimischen Stalls auf der Straße oder im freien Gelände. Sie wissen, wie es auf knatternde Mopeds und auffliegende Vögel reagiert. Sie kön-

---

AUF EINEN BLICK:

Die Hilfen (Griffe) an der Leine
Anfahren: Nachgeben der Leinen
Anhalten: Verkürzen der Leinen
● Hand vor Hand
● zentimeterweise
● durchgehende Parade
● vorübergehende Parade
Links abbiegen:
● Arbeits- oder Dressurhaltung:
  Rechte Leine gibt nach
Rechts abbiegen:
● Arbeits- oder Dressurhaltung:
  Linke Leine gibt nach

Grundhaltung:
Leinen in der linken Hand; rechte Leine zwischen Mittel- und Ringfinger; linke Leine über Zeigefinger
Gebrauchshaltung:
Wie Grundhaltung und rechte Hand vor linker Hand; Mittel-, Ring- und kleiner Finger greifen um die rechte Leine; Zeigefinger greift um die linke Leine
Dressur- oder Arbeitshaltung:
Rechte Hand zieht die rechte Leine ca. 20 cm aus der linken Hand

nen aber nicht davon ausgehen, daß Ihr Pferd im Geschirr genauso wie unter dem Sattel reagiert.

Bis auf wenige Ausnahmen habe ich festgestellt, daß die von mir eingefahrenen Pferde im Geschirr und vor dem Wagen wesentlich gelassener waren und auch ruhiger reagierten als unter dem Sattel. Aber es gibt natürlich wie immer auch Ausnahmen. Ganz wichtig ist es bei der Ausbildung Ihres Pferdes, daß Sie es stets aufmerksam beobachten und quasi schon im voraus wissen, was es im nächsten Moment vorhat.

Das erste Aufschirren

Den Anfang machen Sie damit, Ihr Pferd an Geschirr und Kopfgestell zu gewöhnen. Ich empfehle Ihnen, zunächst ein Zweispännergeschirr zu verwenden, wobei es unerheblich ist, ob dies ein Kumt- oder ein Brustblattgeschirr ist. Aber denken Sie bitte daran, daß beim Kumtgeschirr die Paßform wichtig ist. Dann beginnen Sie damit, das Geschirr mit aller Vorsicht und unter gutem Zureden Ihrem Pferd über den Kopf zu streifen und aufzulegen. Denken Sie auch daran, dies in einer für Ihr Pferd bekannten Umgebung zu beginnen. Lassen Sie sich dabei Zeit, und vergessen Sie nicht, daß das für Ihr Pferd etwas völlig Neues ist. Als nächstes nehmen Sie ein Kopfgestell, dies ist im Prinzip ein normales Reithalfter mit Scheuklappen (siehe S. 22), und legen Sie es Ihrem Pferd vorsichtig an. Achten Sie dabei darauf, daß die Scheuklappen in der richtigen Lage verschnallt sind.

Wenn Sie die Scheuklappenfläche ver-

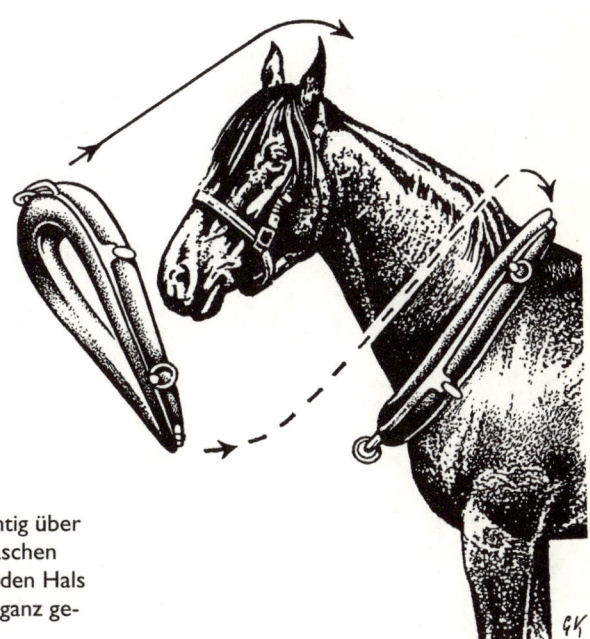

Das birnenförmige Kumt wird vorsichtig über den Kopf geschoben, hinter den Ganaschen um 180 Grad gedreht und dann über den Hals bis zur Schulter geschoben. Dabei ist ganz genau auf die richtige Lage zu achten.

tikal in drei gleiche Flächenanteile aufteilen, dann soll die gedachte horizontale Trennlinie zwischen dem oberen und dem mittleren Drittel in Höhe der Augen liegen. Die Scheuklappen dürfen weder die Wimpern noch gar die Augen berühren, das gilt natürlich auch während der Bewegung. Haben Sie darauf geachtet, welches Gebiß eingeschnallt ist? Sie können am Anfang durchaus mit einer Wasser- oder einer Olivenkopftrense arbeiten.

Für die Arbeit an der Doppellonge kann von Anfang an eine Fahrkandare verwendet werden. Achten Sie auch hier darauf, daß das Gebiß die richtige Breite hat und korrekt im Maul liegt.

Ich schlage Ihnen jetzt vor, genauso

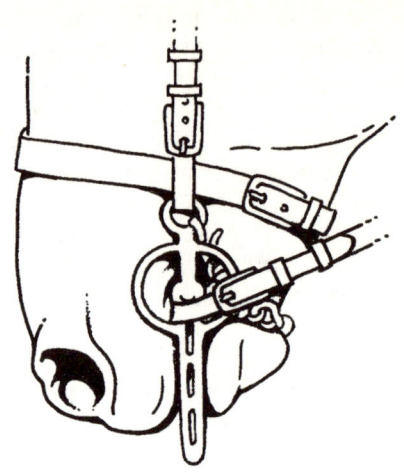

Oben: Die Liverpoolkandare ist weich verschnallt, wenn die Leine über dem Balken eingeschnallt wurde.

Unten: Hier sieht man ein Kopfgestell mit einer Liverpoolkandare verschnallt.

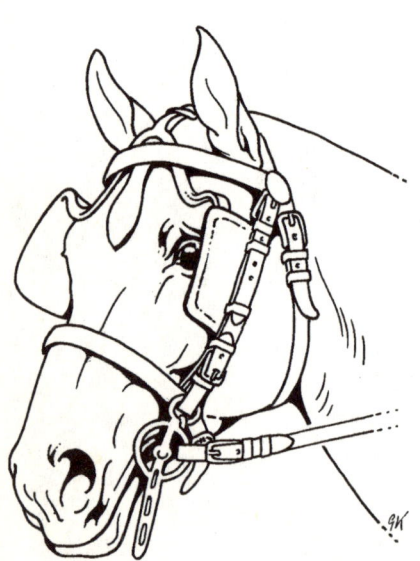

das Abschirren zu üben, und wenn Sie einige Tage hintereinander erfolgreich auf- und abgeschirrt haben und Ihr Pferd es sich ohne Widersetzlichkeit gefallen läßt, kann die Arbeit mit der Doppellonge beginnen. Denken Sie bitte immer an das wohlverdiente Lob für Ihr Pferd, denn gut gelaunt lernt es sich einfach leichter.

Arbeit an der Doppellonge

Bevor Sie überhaupt ans Anspannen denken, ist die Arbeit mit der Doppellonge die beste und wichtigste Schulungsmethode, um Ihr Pferd ans Fahren zu gewöhnen. Nachdem Sie also aufgeschirrt haben, hängen Sie mit einem Karabiner einen etwa 5–6 cm großen Ring in die

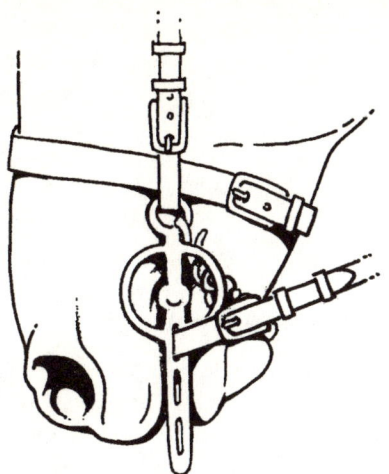 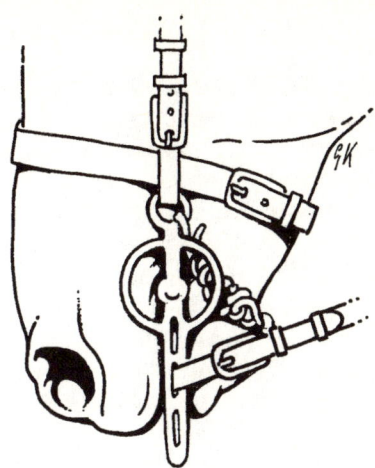

Oben: Wenn die Leine im ersten oder zweiten Schlitz verschnallt wurde, hat die Liverpoolkandare eine scharfe Wirkung.

Unten: Die wichtigste Vorübung für das Fahren ist die Arbeit an der Doppellonge. Die äußere Longe »umrahmt« dabei das Pferd. Durch korrekte Einwirkung auf das Gebiß kann das Pferd an die Hilfen gestellt und in allen drei Gangarten gearbeitet werden.

Schnallen zur Befestigung der Zugstränge ein. Dann ziehen Sie rechts und links die Doppellonge durch diesen Ring nach oben, führen sie oben durch den Leinenführungsring am Kammdeckel und von dort nach vorne zum Gebiß. Nun gehen Sie wie beim Anlongieren vor, indem Sie einen Helfer bitten, das Pferd zu führen. Sie haben die Doppellonge in der Hand und lassen den Helfer das Pferd um Sie herum führen. Dabei versuchen Sie, mit der rechten und der linken Hand Kontakt zum Pferdemaul aufzunehmen. Und noch eins müssen Sie beachten: Bei der Arbeit mit der Doppellonge wird der jeweils äußere Teil der Longe um die Hinterhand herumgelegt, so daß das Pferd eingerahmt wird.

Wenn der innere Teil der Longe von dem eingeschnallten Ring direkt zu Ihrer Hand herüberläuft, dann führt der äußere Teil von diesem Ring um die Hinterhand herum, etwa in Höhe des Knies des Pferdes und dann erst in Ihre Hand. Achten Sie dabei darauf, daß die Longe stets ansteht und daß vor allem der äußere Teil nicht zu Boden fällt. Nach einigen Runden (ich wiederhole nochmals: der Helfer führt das Pferd!) haben Sie sich daran gewöhnt und Kontakt zum Pferdemaul aufgenommen. Nun versuchen Sie, durch ruhiges Zureden das Pferd im fleißigen Schritt um sich herum zu führen. Der Helfer muß dabei natürlich gut zu Fuß sein.

Übungen an der Doppellonge

Anfahren und Anhalten

Zum Anhalten nehmen Sie beide Hände zurück und rufen Ihrem Pferd ein freundliches, aber bestimmendes »Halt!« zu. Sobald das Pferd steht, geben Sie mit der Hand etwas nach und loben das Pferd mit der Stimme oder durch den Helfer. Zum Antreten rufen Sie Ihrem Pferd ein freundliches »Komm!« zu und geben mit den Händen etwas nach. Apropos »Komm!«: Sie dürfen natürlich auch »Geh!« rufen. Mir hat einmal ein Herr die Frage gestellt, warum ich »Komm!« rufe, wenn die Pferde doch (weg)gehen sollen. Dazu kann ich nur sagen, »Komm!« hat sich so eingebürgert.

Gangartwechsel

Nachdem Sie Schritt und Halten mit Ihrem Pferd geübt haben, beginnen Sie, wieder mit einem deutlichen »Komm!«,

---

AUF EINEN BLICK:

Die Ausrüstung für die Arbeit an der Doppellonge
● Aufschirren mit Zweispännergeschirr ohne Zugstränge
● Jeweils einen Ring rechts und links an der Zugstrangschnalle befestigen
● Kopfgestell mit Fahrkandare
● 17 m lange Doppellonge
● Longierpeitsche

den Gangartwechsel zum Trab zu üben. Bis hierhin sollten Sie Ihren Helfer bei Laune gehalten haben, denn das Antraben muß er unbedingt noch mitmachen. Gerade beim Antraben kann es vorkommen, daß Ihr Pferd schneller wird, als Ihnen lieb ist. Insofern ist es gut, wenn der Helfer bis zum Gangartwechsel neben dem Pferd mitgeht. Nun erfolgt dasselbe Spiel mit Gangartwechsel zum Schritt und zum Halten. Und Sie werden merken, wie schön die Arbeit mit der Doppellonge funktioniert.

Wenn auch im allgemeinen nur im Schritt und im Trab gefahren wird, dürfen Sie das Pferd bei der Arbeit an der Doppellonge auch im Galopp arbeiten.

Handwechsel

Die Übungen im Schritt und im Trab und auch die Paraden werden von »Fahrer« und Pferd beherrscht. Dann kann die nächste Übung begonnen werden. Im Gegensatz zur einfachen Longe können Sie bei der Arbeit mit der Doppellonge den Handwechsel in der Bewegung ausführen. Parieren Sie Ihr Pferd zum Schritt durch, verlängern Sie die innere Seite der Longe so, daß das Pferd nicht mehr um Sie herumläuft, sondern vor Ihnen hergeht, und üben Sie ganz langsam zunächst den Wechsel aus dem Zirkel. Hierbei achten Sie bitte darauf, daß Ihnen das Ende der Longe nicht herunterfällt und Sie auch nicht hineintreten. Sobald das Pferd auf dem Hufschlag des anderen Zirkels angelangt ist, verkürzen Sie beide Longen und stellen sich wieder in die Mitte des Zirkels (Abbildung vom Handwechsel aus und durch den Zirkel siehe Seite 48).

Bei der Ausführung des Handwechsels haben Sie jetzt erstmals das Grundprinzip des Achenbachschen Fahrsystems angewendet. Es wird eben nicht die Wendung durch Ziehen an der inneren Leine eingeleitet, sondern stets und immer durch das Nachgeben der äußeren Leine. Durch diese Hilfe ist das Pferd in der Lage, sich in die Wendung zu stellen, ohne dabei behindert zu werden. So kann es vor dem Wagen auch in der Wendung immer im Zug bleiben.

Ziehen

Wenn Sie die vorangehenden Übungen nun sicher zusammen mit Ihrem Pferd beherrschen und Sie sich ganz sicher fühlen, daß Ihr Pferd nicht irgendwelchen Blödsinn im Schilde führt, dann holen Sie sich am besten zwei Helfer, die jeder mit einem »Zugstrang bewaffnet« (das kann auch jeweils ein Longiergurt sein) sind.

AUF EINEN BLICK:

Übungen an der Doppellonge
- »Anfahren« und Halten auf dem Zirkel
- Arbeit im Schritt, Trab und Galopp
- Wechsel aus dem Zirkel und durch den Zirkel
- Nach Einschnallen der Zugstränge Simulieren von Ziehen

Aus der Vogelperspektive ist oben der Wechsel
aus dem Zirkel und unten der Wechsel durch
den Zirkel mit der Doppellonge dargestellt.

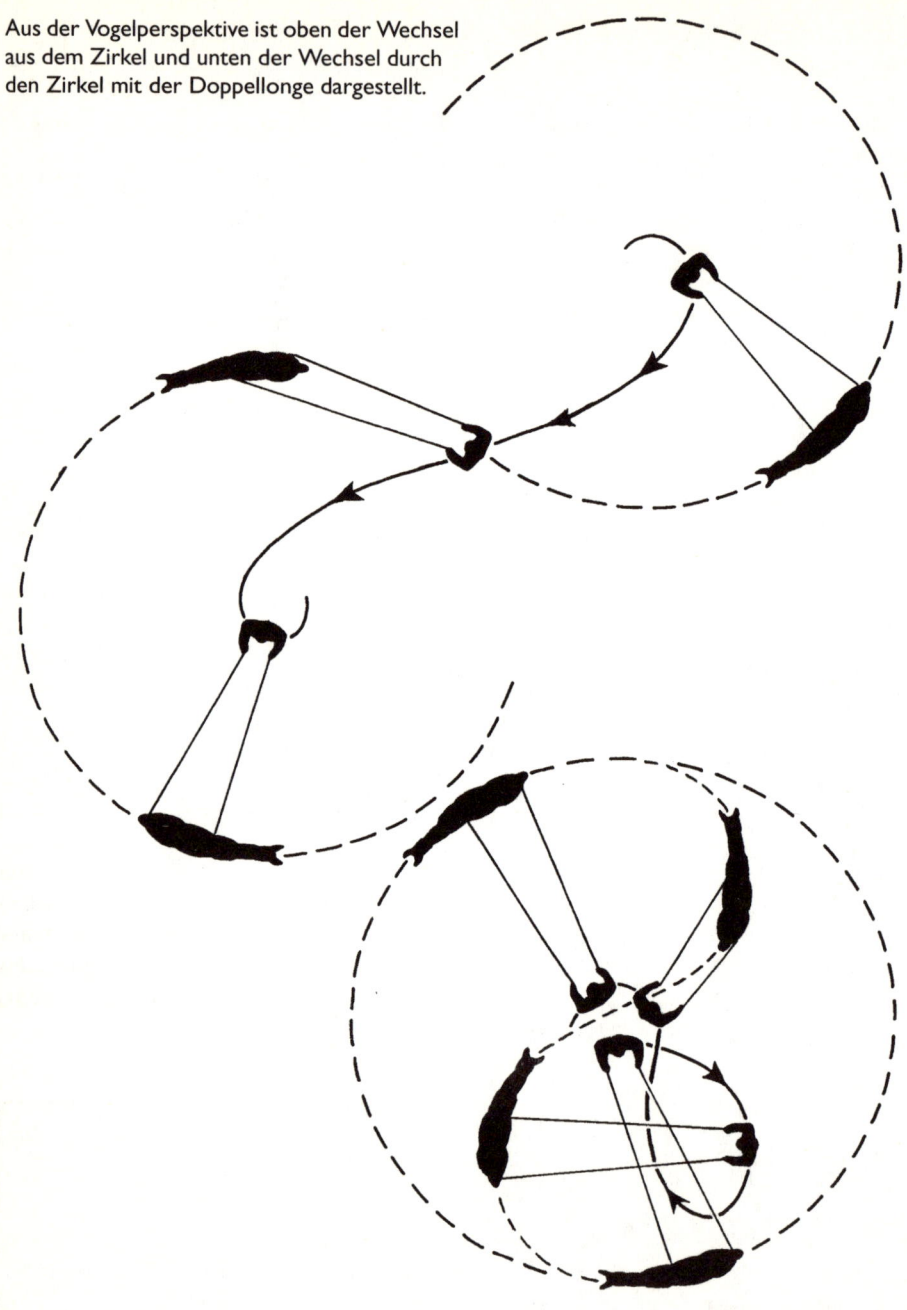

Nachdem Sie das Pferd zum Halten durchpariert haben, lassen Sie die beiden Helfer rechts und links den Zugstrang einschnallen. Sie lassen dann Ihr Pferd im Schritt antreten und bitten die Helfer, hinter dem Pferd herzugehen, wobei die Zugstränge langsam und ganz allmählich belastet werden. Dazu sollten auf jeden Fall möglichst lange Zugstränge verwendet werden, die zwischen Helfer und Hinterhand des Pferdes einen ausreichend großen Sicherheitsabstand ermöglichen.

Bei der Gewöhnung an den Zugstrang ist es weiterhin wichtig, dem Pferd auch das Anliegen des gespannten Strangs an der Hinterhand beizubringen. Üben Sie

nun mit eingeschnallten Zugsträngen und Ihren beiden Helfern das Anfahren und Anhalten. Ich empfehle Ihnen, Ihr Pferd erst einmal ohne Zuglast antreten zu lassen und dann nach und nach bei jedem Halten die Helfer etwas mehr beim Anfahren ziehen zu lassen. Die Pferde gewöhnen sich relativ schnell daran, so daß Sie dann nach und nach auch üben können, Ihr Pferd unter Last anzuhalten und wieder anzufahren.

Im allgemeinen wird es dabei am Anfang rückwärts treten wollen. Dann sagen Sie einfach Ihren Helfern, daß sie mit den Zugsträngen wieder nachgeben sollen. Fangen Sie ja nicht an, mit Stimme oder gar Peitsche das Pferd korrigieren zu wol-

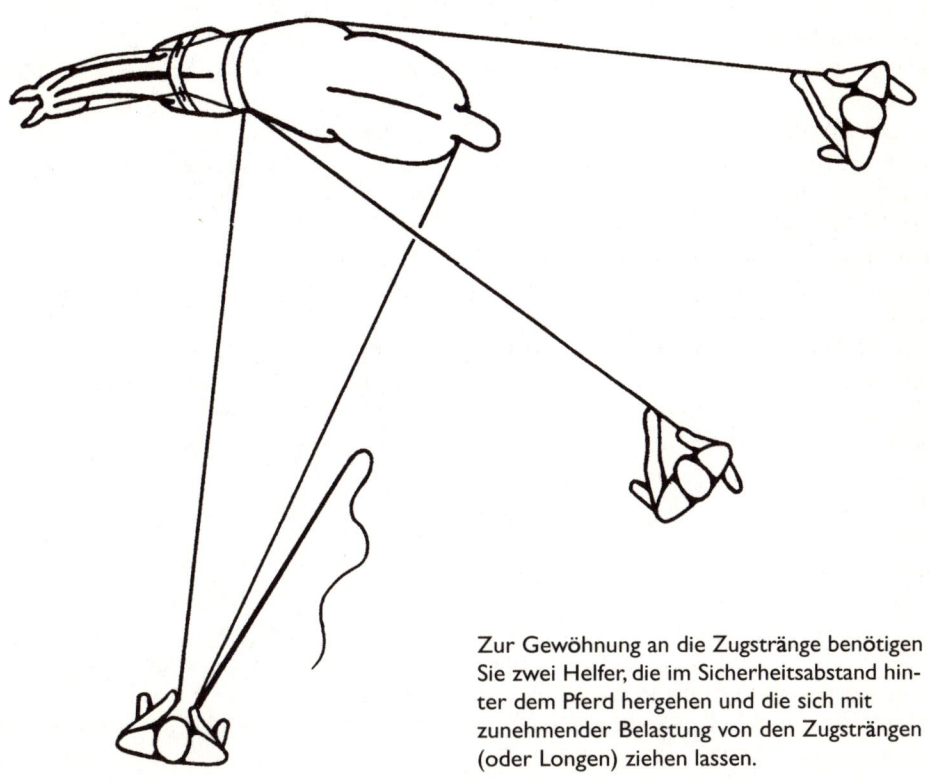

Zur Gewöhnung an die Zugstränge benötigen Sie zwei Helfer, die im Sicherheitsabstand hinter dem Pferd hergehen und die sich mit zunehmender Belastung von den Zugsträngen (oder Longen) ziehen lassen.

len. Üben Sie Anfahren und Anhalten solange, bis diese Übung sicher und rei-
bungslos ausgeführt wird. Dabei sollte
die Übungszeit jeweils maximal eine halbe Stunde betragen. Pferd und Helfer
können sich selten länger konzentrieren.

Üben von schwierigen Situationen

Nun können Sie Ihrem Pferd die Zugstränge über den Rücken legen und un-
vorhersehbare Situationen provozieren.
Versuchen Sie, es nun bewußt zu »erschrecken«. Warum sollte ich mein Pferd
erschrecken und so Schwierigkeiten her-
aufbeschwören, werden Sie fragen, wo
doch jetzt alles so schön klappt? Wenn Sie
auf der Straße oder im Gelände unterwegs sind, wissen Sie auch nicht, welche
Störungen auf Sie und Ihr Pferd zukommen können. Deswegen kann man solche
Überraschungen simulieren und diese Situationen so gut wie möglich üben.

Ich möchte hier nur wenige Beispiele
zur Anregung nennen, denn Sie können
sich überlegen, was Sie selbst ausprobie-
ren möchten. Lärm beginnt mit einem
Peitschenknall, kann ein Moped mit ka-
puttem Auspuff, eine scheppernde Wie-
senwalze oder ein klappernder Pkw-An-
hänger sein. Versuchen Sie, verschiedene
Geräuschquellen zu imitieren, und beobachten Sie die Reaktion Ihres Pferdes.
Haben Sie übrigens schon einmal erlebt,
wie ein Luftballon mit lautem Knall neben Ihrem Pferd zerplatzt ist? Ich schon!
Neben den akustischen Störungen
können auch optische Störungen in den
»Unterricht« einfließen. Dazu zählen
Markierungsbänder, flatternde Fahnen,
auf dem Boden liegende Plastiktüten und
andere ungewohnte Gegenstände.

Anspannen vor einer Schleppe?

Vielfach wird empfohlen, das Pferd auch
vor eine Schleppe zu spannen, um es so
an das Ziehen zu gewöhnen. Das erste
Anspannen geht aber auch ohne vorheri-
ges Üben mit der Schleppe. Im Sinne der
maximalen Vorsicht und Verantwortung
für unsere Pferde bin ich nach einer
schlechten Erfahrung davon abgekom-
men. Leider besteht die Gefahr, daß sich
ein Pferd in Panik an einer angehängten
Schleppe erhebliche Verletzungen zuzie-
hen kann.

Lassen Sie mich dies an dem Beispiel
erläutern, das ich vor Jahren beim Einfahren einer Hannoveranerstute erlebt habe:
Die Stute war an das Geschirr gewöhnt
worden, und auch die Arbeit an der Doppellonge gestaltete sich sehr positiv. Erste
Zugversuche durch Ziehen an den Zugsträngen ließ die Stute geduldig über sich
ergehen, und sie zeigte sich sehr lernfähig
und -willig. Deswegen wurde beschlos-
sen, als nächstes die Schleppe anzuhän-
gen. Zu dritt hatten wir das Pferd vorbereitet, die Zugstränge an das Ortscheit
angehängt und an das Ortscheit einen
Reifen gebunden. Die Stute wurde mit
der Doppellonge gefahren, und einer von
uns führte sie. Nachdem die erste und die
zweite Runde ohne Zwischenfälle über-
standen waren, ging der Helfer zur Seite,
und die Stute wurde nur noch vom Longenführer gefahren. Aus unerfindlichen
Gründen galoppierte das Pferd plötzlich
an. Der Longenführer versuchte durch
Einleitung einer Volte, es wieder in den
Griff zu bekommen, was aber nicht ge-
lang, weil die Stute über die Schulter ge-
hend davonstürmte. Dabei verfing sich
die auf dem Boden hinterherschleifende
Schleppe mitsamt Ortscheit in der Hin-

terhand. Da alle Geschirrteile und das Ortscheit sich wegen der hohen Qualität des Materials nicht voneinander lösten, schleuderte die Schleppe mit zunehmender Geschwindigkeit hinterher. Dies führte schließlich dazu, daß die Stute nach hinten ausschlug, um die störende Schleppe loszuwerden, statt dessen aber vom Ortscheit erheblich an der Hinterhand verletzt wurde.

Bitte hängen Sie nicht gleich einen Baumstamm oder eine Egge oder ähnliches hinter Ihr Pferd, denn diese Übung muß nicht unbedingt sein. Auch Reifen sind ungeeignet, denn um einen Reifen anhängen zu können, brauchen Sie wieder ein Ortscheit, an das die Zugstränge angehängt werden.

Das erste Anspannen

Vorüberlegungen

Nachdem Sie über einen längeren Zeitraum Ihr Pferd an Geschirr, Kopfgestell und an die Arbeit an der Doppellonge mit und ohne Zugkraftentwicklung gewöhnt haben, können Sie die Vorbereitungen zum Anspannen an den Wagen treffen.

Der angenehmste, zweckmäßigste und auch sicherste Weg ist der in Begleitung eines Lehrmeisters. So nennen wir das Pferd, das nicht nur Grund- und Hauptschule hinter sich gebracht hat, sondern auch die Lehre mit Erfolg abgeschlossen hat, Gesellenjahre hinter sich gebracht hat und nun ganz einfach Meister seines Faches ist. Lehrmeister ist also das Pferd, das vor dem Wagen unter allen Umständen sicher reagiert und daher ein Verlaßpferd darstellt.

Wenn Sie sich meiner Meinung mit dem Lehrmeister anschließen können, dann bringen Sie doch bitte in Erfahrung, wo in Ihrer Nähe Sie diesen finden können. Am besten ist es natürlich, wenn dieser in Ihrem Stall, in der Reitanlage oder in der Nachbarschaft bereits steht. Stimmen Sie sich mit seinem Besitzer ab, der hoffentlich auch einen passenden Wagen hat, der genügend groß, stabil und mit einer guten Bremse ausgerüstet ist. Dann fehlt eigentlich nichts mehr.

Zuerst wird der Lehrmeister und dann der Lehrling vor den Wagen gespannt. Theoretisch ist das so, praktisch sind aber doch wieder ein paar Randbedingungen zu beachten. Haben Sie aber auch daran gedacht, für Fahrer und Fahrpferd eine Haftpflichtversicherung abzuschließen? Besonders beim Pferd mache ich darauf aufmerksam, daß die normale Haftpflichtversicherung für Pferde meistens nur für Reitpferde, jedoch nicht für Fahrpferde gilt. Erkundigen Sie sich bitte vorher, und regeln Sie dies mit Ihrer Versicherung. Sie ersparen sich dadurch unnötigen Ärger. Sie brauchen zum ersten Einspannen mindestens einen Fahrer für den Lehrmeister und einen Fahrer für den Lehrling, dazu zwei Helfer, die Ihnen die entsprechenden Handreichungen zwischendurch ausführen können. Dann bleibt noch die Platzfrage zu klären: Grundsätzlich sollten Sie sich darauf einstellen, daß es am Anfang möglicherweise etwas schneller losgehen kann und Sie einige Meter Strecke benötigen, bis alle miteinander das Gespann im Griff haben. Damit nun wirklich nichts passiert, empfehle ich, das erste Anspannen abseits des Straßenverkehrs durchzuführen. Vielleicht haben Sie in der Nähe eine große ebene Wiese, die Sie benutzen dürfen.

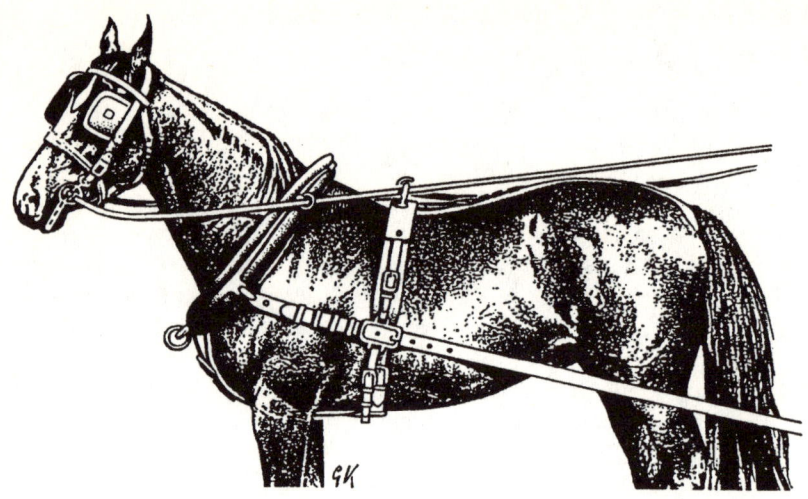

Das Pferd ist fertig aufgeschirrt, und der Wagen steht
zum Anspannen bereit. Die
Bremse muß beim Anspannen
angezogen sein.

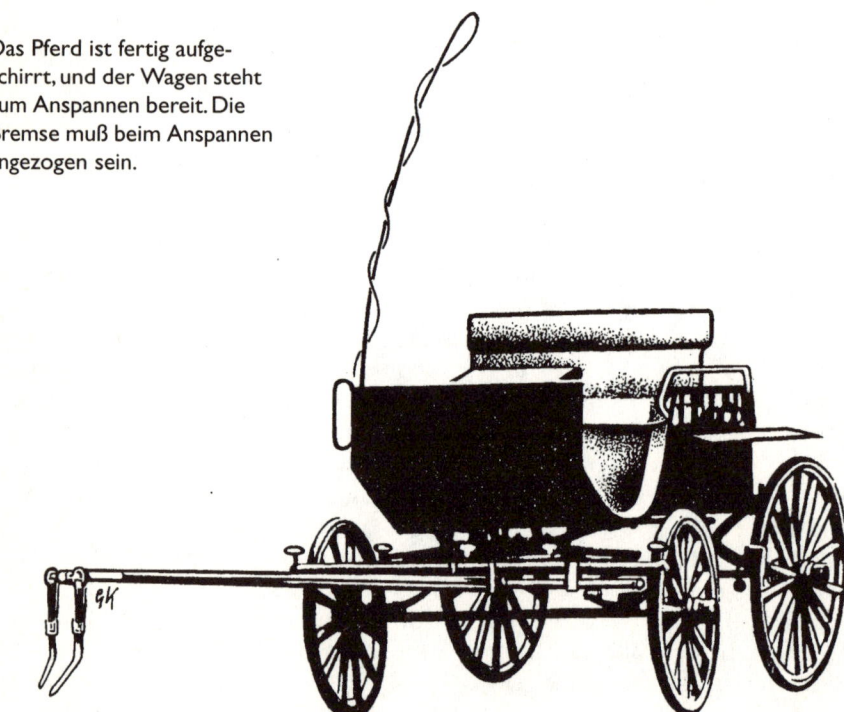

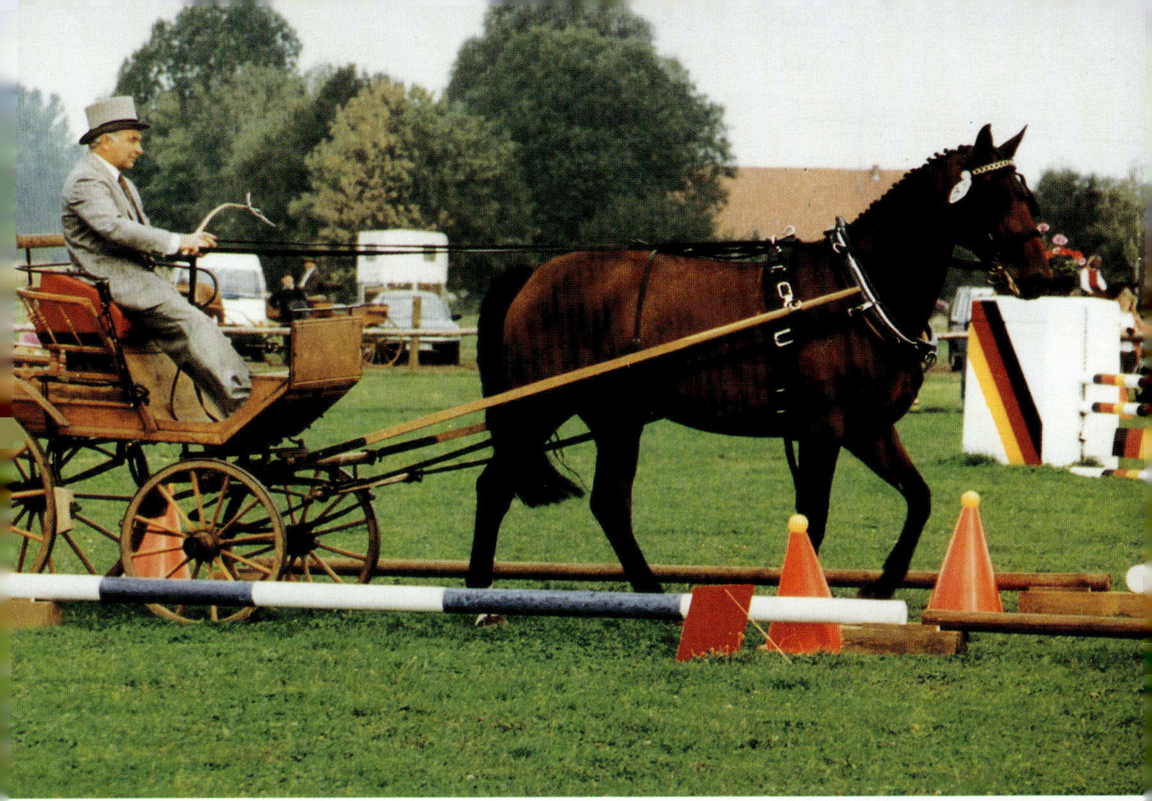
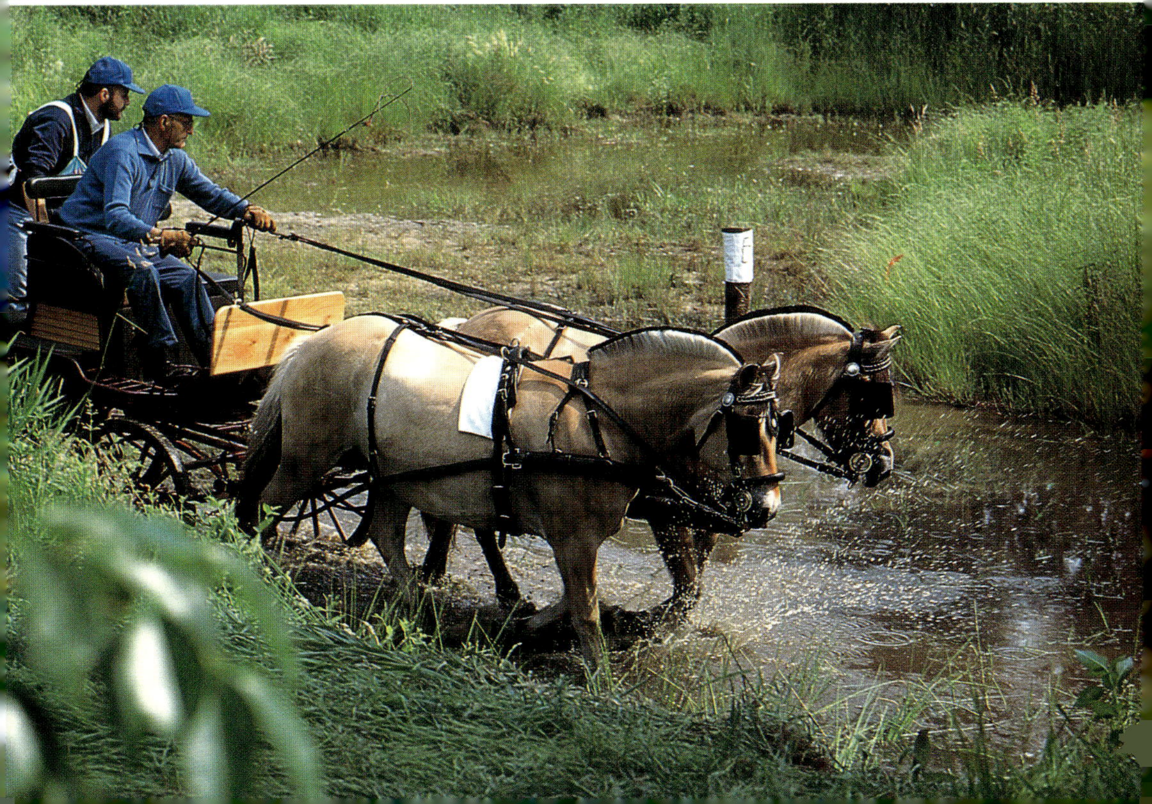

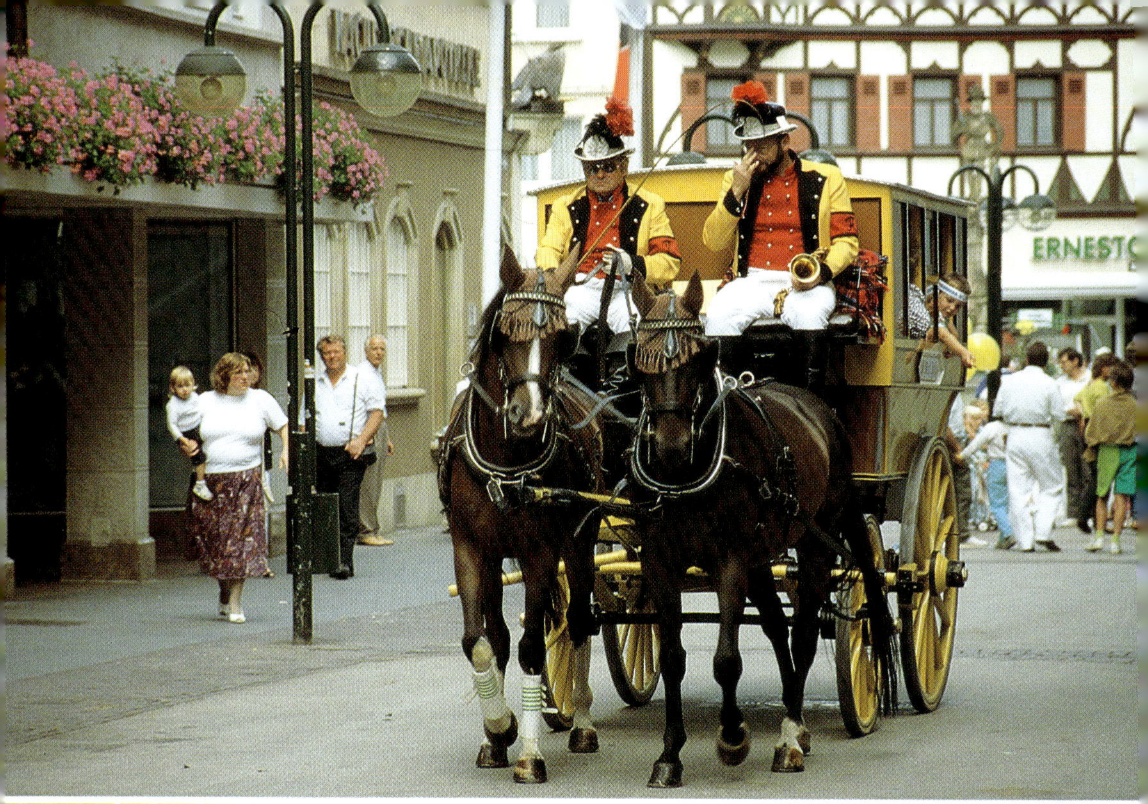

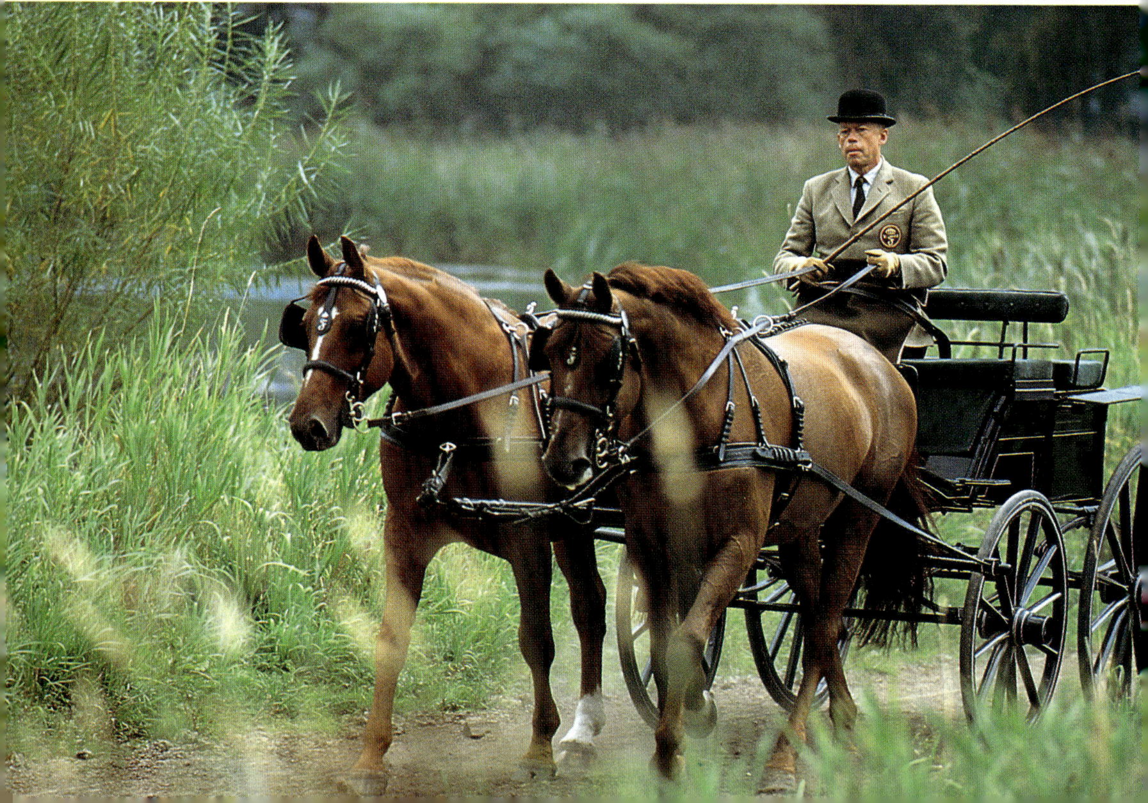

Anspannen mit einem Lehrmeister

Nach jahrelangem Probieren und Optimieren hat sich die folgende Methode als die geeignetste und pferdeschonendste herauskristallisiert: Der Lehrmeister wird einspännig an der Deichsel vor den Wagen gespannt und zieht erst einmal den Wagen alleine.

Der Lehrling wird aufgeschirrt und von Ihnen im sicheren Abstand erst hinter, dann neben dem Wagen und dann neben dem Lehrmeister vom Boden aus gefahren. Wenn dies zu Ihrer Zufriedenheit geschehen ist, dann führen Sie den Lehrling an den Wagen heran und lassen einen Helfer das Pferd mit einem Führstrick, der im Aufhaltering des Geschirrs eingehängt ist, an die Deichselbrille anhängen, indem er den Führstrick einfach durch die Deichselbrille durchzieht und

S. 53 oben: Gespanne müssen bei der Hindernisfahrt einen Parcours aus Toren absolvieren, von denen bei Berühren die gelben Bälle hinunterfallen. Bei der Hindernisfahrt geht es, ähnlich wie beim Springen, um Fehler- und Zeitstrafpunkte und daher oft sehr spannend zu. Unten: Eine Wasserdurchfahrt bei einer Geländeprüfung erfordert Vertrauen und Gehorsam der Pferde.

Links oben: Es gibt viele verschiedene Arten, das Hobby Fahren auszuüben. Die historische Anspannung, wie hier eine Postkutsche mit den passenden Kostümen, ist nur eine vieler Möglichkeiten. Unten: So sollte man nicht fahren. Der Fahrer hält die Leinen nicht korrekt nach Achenbach in den Händen. So ist eine sichere Hilfengebung und sicheres Beherrschen des Gespanns nicht möglich.

neben dem Pferd hergeht. Sie selber setzen sich neben den Fahrer auf den Bock und fahren Ihr Pferd, in Abstimmung mit dem Fahrer, im Schritt neben dem Lehrmeister her.

Wenn das ohne weitere Störungen ruhig abläuft, halten Sie an. Nun nimmt der zweite Helfer zuerst den äußeren Zugstrang und hängt diesen ein. Anschließend nimmt er den inneren Zugstrang und hängt ihn an das Ortscheit. Der Helfer vorn am Pferd lobt in der Zwischenzeit den Lehrling, und der zweite Helfer kann zum Schluß den Aufhalteriemen einschnallen. Zum Abschluß wird dann die Zweispännerleine korrekt eingeschnallt. Zusätzlich verbleibt die Einspännerleine am Lehrling eingeschnallt. Der Fahrer des Lehrlings hält zur Sicherheit diese Einspännerleine in der Hand.

Fahren Sie maximal eine halbe Stunde, dann spannen Sie den Lehrling wieder aus. Vergessen Sie nicht, ihm vorsichtshalber die Stellen, auf denen das Geschirr aufliegt, mit Wasser zu kühlen. Je nach Lernwilligkeit wird diese Prozedur noch einmal wiederholt, oder Sie spannen beim nächsten Mal gleich den Lehrling neben den Lehrmeister, wobei Sie bis auf weiteres immer zuerst den Lehrmeister anspannen. Das Fahren im Zweispänner sollte nun lang genug praktiziert werden, damit der Lehrling Vertrauen zu allen aufkommenden Situationen finden kann, zu ziehen und auch längere Zeit stillzustehen lernt. Je intensiver man übt, desto schneller wird das Fahren für das Pferd Routine.

Nachdem Sie zuerst auf dem Platz oder auf der Wiese gefahren sind, suchen Sie sich eine ruhige Straße, um Ihr Pferd vor dem Wagen an den Straßenverkehr zu gewöhnen. Es empfiehlt sich, es dazu im

Anspannen neben einem *Lehrmeister*

Ausrüstung:
- stabiler Wagen mit guter Bremse, langer Deichsel, Sprengwaage, zwei Ortscheiten
- Zweispänner/Achenbachleine
- Einspännerleine/Doppellonge
- Peitsche

Anspannen Schritt für Schritt
- Lehrmeister rechts an der Deichsel wird einzeln gefahren
- Lehrling wird hinter, neben und am Wagen vom Boden aus gefahren
- Anhängen des Lehrlings an der Deichselbrille mit einem Führstrick, den der Helfer von der Seite festhält; Fahren des Lehrlings vom Bock aus
- Befestigen der Zugstränge und des Aufhalteriemens bzw. der Aufhaltekette; korrektes Einschnallen der Achenbachleine; Fahren des Zweispänners vom Bock aus; zur Sicherheit Lehrling mit Einspännerleine mitfahren

Zweispänner rechts, also als Handpferd, einzuspannen. Sobald Ihr Pferd den Straßenverkehr akzeptiert, können Sie beide Pferde tauschen.

Zum Schluß dieses Kapitels möchte ich Ihnen noch raten, das Anhalten und Anfahren so oft wie möglich zu üben. Wichtig ist dies auch im Straßenverkehr bei einmündenden Straßen. Hier muß Ihr Pferd zuverlässig stehenbleiben!

Der richtige Wagen fürs erste Anspannen

Die wesentlichen Merkmale eines zweckmäßigen Wagens sollen hier noch einmal herausgestellt werden: Dazu gehört eine genügend hohe Deichsel, deren Deichselbrille etwa in Höhe des Buggelenks der Pferde liegt. Weiterhin soll die Deichsel auch ausreichend lang sein. Idealerweise verwenden Sie dazu eine Viererdeichsel und spannen die Pferde, so weit es geht, nach vorne. Hierdurch wird vermieden, daß der Wagen mit dem Ortscheit dem jungen Pferd zu nahe an die Hinterhand herankommt oder sie gar berührt.

Einfahren ohne Lehrmeister

Natürlich ist es auch möglich, Ihr Pferd ohne Lehrmeister einzufahren. Dann entfällt die Zwischenstufe des Zweispännigfahrens. Dafür müssen Sie aber das Anschirren am Wagen um so intensiver üben. Dazu gehört also nicht nur das Üben beim Aufschirren und das Trainieren an der Doppellonge, sondern genauso in kleinen Stufen das Anspannen am Wagen mit dem Einlegen der Schere in den Tragegurt, dem Anhängen der Zugstränge, dem Gewöhnen des Pferds an die Schere und dem vorsichtigen Anfahren. Am besten dazu geeignet ist ein leichter Wagen mit ca. 200–250 kg Eigengewicht und ein genügend großer Platz mit einem festen Untergrund, damit der Rollwiderstand für den Wagen möglichst gering ist. Genausogut geeignet dafür ist aber auch ein Feldweg oder eine Wiese. Am besten gehen Ihnen bei den einzelnen Übungsschritten zwei oder in Ausnahmesituationen auch ein Helfer zur Hand.

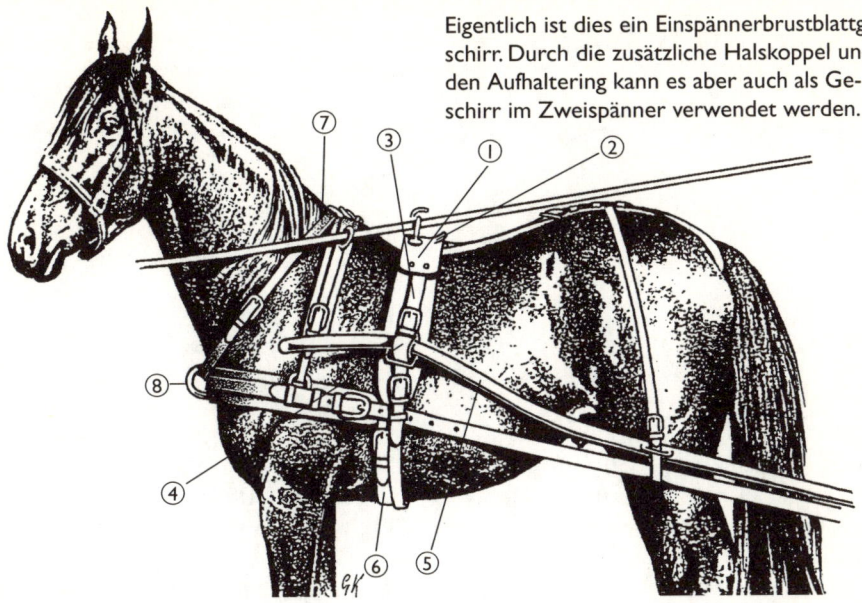

Eigentlich ist dies ein Einspännerbrustblattge-schirr. Durch die zusätzliche Halskoppel und den Aufhaltering kann es aber auch als Ge-schirr im Zweispänner verwendet werden.

Oben: Das Einspännerbrustblattgeschirr und seine wesentlichen Teile:

① Selette
② »Sättelchen«
③ Trageriemen
④ Trageöse
⑤ Schere
⑥ Bauchgurt
⑦ Halskoppel
⑧ Aufhaltering

Unten: Wenn man mit dem Einspännerbrust-blattgeschirr mit einem einachsigen Wagen in hügeligem Gelände fährt, wird zusätzlich ein Hintergeschirr verwendet.

① Hintergeschirr
② Scherenriemen

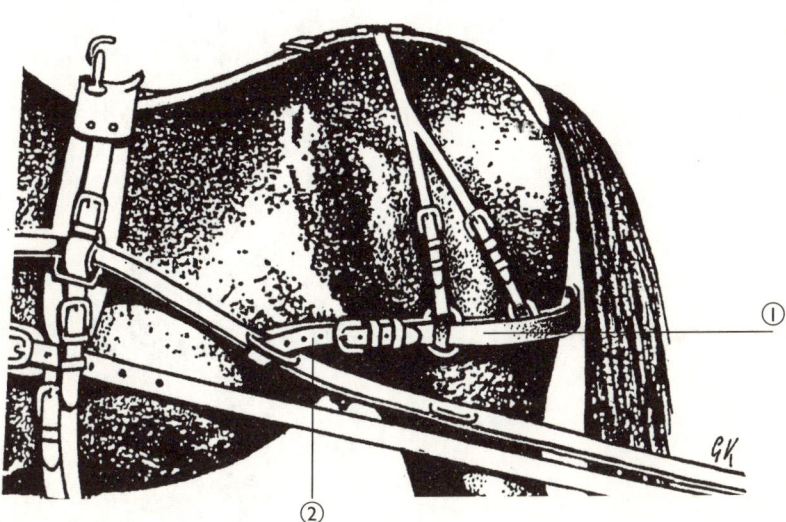

Anspannungsweisen

Fahren mit dem Zweispänner

Bis jetzt ist alles planmäßig verlaufen. Ihr Pferd geht im Zweispänner wunderbar neben dem Lehrmeister, und die anfänglich aufgetretenen Verspannungen sind einem gelösten Bewegungsablauf gewichen. Das Pferd geht mit locker nickendem Kopf und pendelndem Schweif. Das einfachste ist jetzt natürlich, weiterhin zweispännig zu fahren, aber Sie können ja nun nicht immer mit einem Lehrmeister zusammen fahren, sondern müssen sich nach einem anderen Pferd umsehen. Vielleicht findet sich in Ihrem Freundes- oder Bekanntenkreis noch ein Interessent, der sein Pferd auch zum Fahren ausbildet. Oder Sie sind in der glücklichen Lage und haben selber zwei Pferde, die Sie beide so weit ausbilden, daß Sie zweispännig fahren können.

Welche Pferde passen zueinander?

In den klassischen Lehrbüchern zum Fahren und Anspannen steht, welche Pferde mit welchem Geschirr zu einem Gespann passen. Aber lassen wir uns durch diese Vorgaben zur idealen Anspannung nicht irritieren und nicht von unserem Hobby abbringen. Es muß beim Zweispänner nicht unbedingt ein Rappe neben dem anderen, gleichgroßen und gleichgezeichneten Rappen gehen, es kann also auch ein Fuchs neben dem Rappen gehen oder ein Schimmel neben dem Braunen. Man kann einen Kalt- mit einem Warmblüter zusammenspannen, und es kann der Haflinger neben dem Norweger die Kutsche ziehen. Die Pferde sollten idealerweise etwa in Größe und Temperament zusammenpassen, denn dies vereinfacht das Fahren mit dem

---

Was benötigt man zum Zweispännigfahren?
- zwei passende Pferde
- Zweispännerkumt- oder Brust- blattgeschirr mit Kopfgestellen
- Achenbachleine
- Wagen mit Sprengwaage
- Peitsche
- Beifahrer
- Taschenmesser

Zweispänner, da weder das eine Pferd ständig angetrieben noch das andere ständig zurückgehalten werden muß.

Die Sprengwaage

Da unsere ganze Fahrausbildung auf dem von Benno von Achenbach entwickelten Fahrsystem aufbaut, empfiehlt es sich, die Pferde stets an die feste Waage (Sprengwaage oder feste Hinterbracke) anzuspannen. Haben Sie einen Wagen mit Spielwaage, dann kann sie relativ einfach rechts und links mit einem Lederriemen oder mit einer Kette gegenüber dem Wagen festgelegt werden. Nur so ist ein einwandfreies Fahren des Zweispänners mit der Achenbachleine möglich.

Fahren in hügeligem Gelände

Bei Fahrten im bergigen Gelände empfiehlt es sich, ein Hintergeschirr zu verwenden. Dieses greift um die Hinterhand

Mit Hilfe von Ketten oder festen Riemen kann man die bewegliche Spielwaage zur Sprengwaage befestigen.

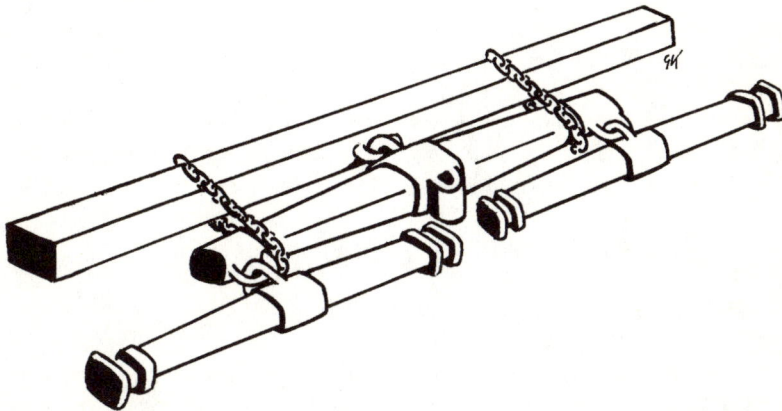

Unten: Zur Anspannung von zwei Pferden wird die feste Waage (auch Sprengwaage genannt) unbedingt empfohlen. Die Zugstränge werden am beweglichen Ortscheit befestigt. Nur so ist die sichere Einwirkung mit der Achenbachleine möglich.

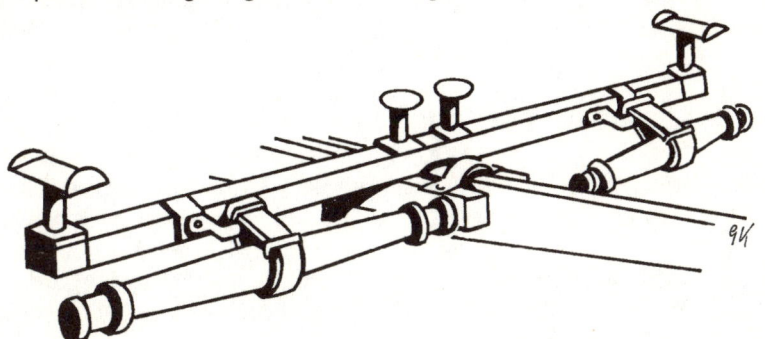

Was braucht man, um einspännig zu fahren?
- ein Pferd
- Einspännerkumt- oder Brustblatt-
  geschirr mit Kopfgestell
- Einspännerleine
- Wagen mit beweglichem Ortscheit
- Peitsche
- Beifahrer
- Taschenmesser

---

der Pferde herum und ermöglicht es ihnen, den Wagen, der bergab von hinten nachschiebt, leichter aufhalten zu können.

Wichtig und vor allem für die Pferde schonender ist es, die Bremse angemessen zu gebrauchen. Die Notwendigkeit des Bremseinsatzes kontrollieren Sie ganz einfach mit einem Blick auf die Zugstränge. Sobald diese nicht mehr gespannt sind, sondern zum Durchhängen neigen, ist der Gebrauch der Bremse empfehlenswert.

Der Wagen, der zum Einsatz kommt, sollte nicht zu schwer sein. Je nach Wegstrecke ist dies zu berücksichtigen. Eine Zweispännerkutsche mit dem Leergewicht zwischen 300 kg und 600 kg und einer Zuladung von vier bis sechs Personen kann von zwei Warmblütern im Gelände und auf Wegen mit nicht übermäßig langen und nicht zu steilen Steigungen gut fortbewegt werden.

Fahren mit dem Einspänner

Entgegen der landläufigen Meinung, einspännig sei es leichter als zweispännig zu fahren, verhält es sich eigentlich genau umgekehrt. Warum, werden Sie fragen. Versuchen Sie doch einmal, sich in das Pferd zu versetzen, das allein vor einen Wagen gespannt worden ist und nun vielleicht auch noch auf einer ihm unbekannten Strecke den Wagen ziehen soll. Im Gegensatz zum Zweispänner kann es nicht zu seinem Kameraden hinüberschauen, sich mit ihm verständigen und so von ihm Beruhigung erfahren, sondern es ist auf sich selbst angewiesen. Der Fahrer sollte deswegen beim Fahren mit dem Einspänner noch aufmerksamer sehen, hören und mit seinem Pferd mitdenken, um so schwierige Situationen rechtzeitig einkalkulieren und adäquat darauf reagieren zu können.

Der Einspänner

Einspännig fahren kann man mit einem Einachser, bespielsweise mit einem Gig, oder mit einem Zweiachser, zum Beispiel mit einem Buggy. Gerade bei zweiachsigen Wagen für Einspänner, die besonders leicht gebaut sind, ist darauf zu achten, daß die Standsicherheit gewährleistet ist. Das gilt vor allem dann, wenn Sie eine Kehrtwendung fahren wollen, wobei die Vorderachse bis zu 90° oder sogar 100° eingedreht wird. Ist der Wagen zu leicht oder die Spurweite zu gering, so kann es passieren, daß der Wagen dann umfällt. Einer solchen Gefährdung wirkt zusätzlicher Ballast auf der Hinterachse oder über der Hinterachse entgegen.

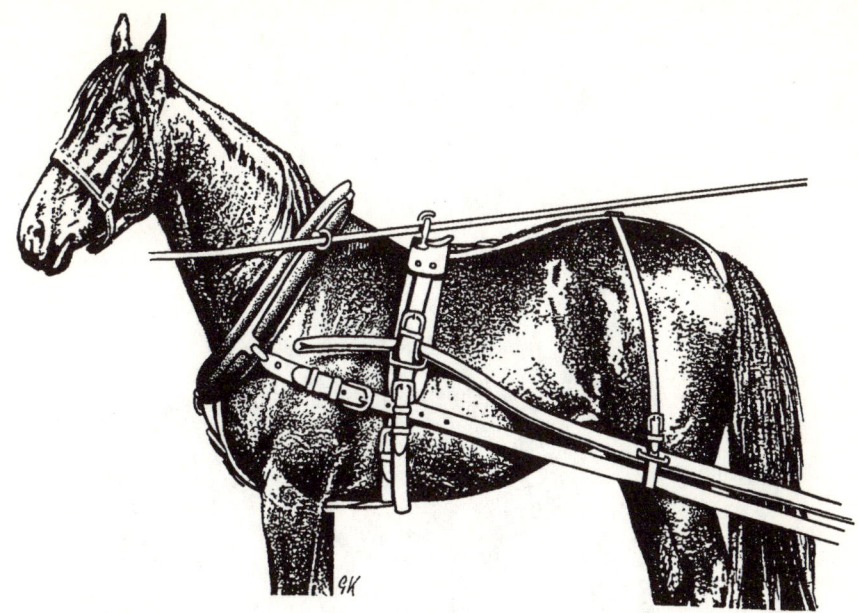

Das Kumtgeschirr für den Einspänner zeichnet sich durch den breiteren Kammdeckel in der Sattellage des Pferdes aus. Dieser Kammdeckel trägt rechts und links die Scherbäume des Wagens.

Was ist beim Einspänner besonders zu beachten?

Die Hilfengebung mit den Leinen ist gleichermaßen anzuwenden wie beim zweispännigen Fahren. Achten Sie darauf, daß Sie Ihr Pferd immer gut an den Hilfen haben. Auch wenn es noch so bequem ist, die Leine einfach durchhängen zu lassen, weil das Pferd sowieso geht, ist dies relativ riskant, da Sic im Notfall die Leinen nicht schnell genug aufnehmen können. Fahren Sie also so, daß Sie jederzeit eine leichte Verbindung zum Pferde-

maul haben, und beobachten Sie Ihr Pferd immer aufmerksam.

Zweckmäßigerweise haben Sie Ihr Pferd mit einem Lehrmeister zusammen eingefahren. Der Übergang zum Fahren im Einspänner wird dann im allgemeinen für Sie relativ leicht vonstatten gehen. Zum einspännigen Fahren benötigen Sie ein Geschirr, bei dem der Kammdeckel etwas anders als beim Zweispänner gearbeitet ist. Der Kammdeckel des Geschirrs ist breiter und gut gepolstert, um die zusätzliche, aber dennoch nicht große Belastung aus dem Gewicht der Schere aufzunehmen. Dazu besitzt der Kammdeckel einen Tragegurt mit ledernen oder eisernen Trageaugen, in die die Schere auf beiden Seiten eingelegt wird.

Wenn Sie vor einem einachsigen Wagen einspannen, dann beachten Sie bitte, daß der Wagen so ausbalanciert ist, wenn Fahrer und Beifahrer oben sitzen, daß das

Bei zweiachsigen Wagen können anstelle einer starren Gabel auch zwei getrennte, beweglich angebrachte Scherbäume verwendet werden. Diese Scherbäume sollen die geschweifte Form haben.

Auflagegewicht vorne an der Schere nicht zu groß ist. Sie können dies selber aus-probieren, indem Sie die Schere hochhe-ben und zwei Personen auf den Wagen steigen lassen. Dann fühlen Sie, was Ihr Pferd tragen muß. Bei zweiachsigen Wa-gen sind die Scherbäume meistens ein-zeln, in vertikaler Richtung gelenkig, am Wagen angeschlossen, so daß das Ge-wicht auf dem Kammdeckel minimal ist.

Beim Übergang vom zweispännigen Fahren zum einspännigen Fahren sollten Sie weiterhin beachten, daß es am Anfang durchaus zu einem Zick-zack-Kurs kom-men kann. Deswegen suchen Sie sich am besten wieder einen ruhigen Platz oder eine Wiese, wo Sie und Ihr Pferd sich auf die neue Situation und aufeinander einstellen können. Erst wenn dies zur Zufriedenheit funktioniert, dürfen Sie größere Expeditionen unternehmen.

Besondere »Fahrdisziplinen«

Schlitten ziehen

Der nächste Winter kommt bestimmt. Gehen wir davon aus, daß er Ihnen sogar die zum Schlittenfahren benötigte Schneedecke von 20 cm Dicke beschert, und daß sich Ihr Pferd mittlerweile zu Ihrer und seiner Freude sicher im Geschirr bewegt. Dann fehlt Ihnen jetzt eigentlich nur noch der Schlitten, und der Traum von der winterlichen Schlittenpartie mit

Warm eingepackt und genügend Schnee vorausgesetzt, können vier Personen mit einem oder zwei Pferden vor dem Schlitten die Winterlandschaft genießen. Bevor Sie einen alten Schlitten verwenden, sollten Sie sich unbedingt vom stabilen Zustand des Aufbaus überzeugen. Leider hat oft der Holzwurm schon ganze Arbeit geleistet.

schnaubendem Pferd und Schellengeläut kann in Erfüllung gehen.

Der Schlitten

Bevor Sie nun Ihr Pferd vor den Schlitten spannen, schauen Sie sich erst einmal das neue Gefährt genauer an. Im Gegensatz zum Wagen ist sein Lenkverhalten anders, und es ist darauf zu achten, keine zu engen Wendungen zu fahren. Im Vergleich zum Wagen ist der Anfahrwiderstand eines Schlittens größer, der Fahrwiderstand aber eher kleiner. Dies ist vor allem bergab zu berücksichtigen, und deswegen schauen Sie sich bitte an, ob der Schlitten eine funktionierende Bremse hat. Wenn nicht, müssen Sie unbedingt für das Pferd ein Hintergeschirr vorsehen, damit der Schlitten beim Bergabfahren und beim Halten dem Pferd nicht in die Hinterhand hineinrutscht. Schlittenbremsen sind meist in Form einer Kralle ausgeführt, die durch Betätigen einer Kurbel neben den Kufen in den Schnee gedrückt wird. Der Sitz des Fahrers ist im Gegensatz zum Wagen sehr niedrig, so daß Sie während der Fahrt immer rechts oder links am Pferd vorbeischauen müssen, um nach vorne sehen zu können. Und kalt ist es. Deswegen richten Sie sich darauf ein, keine zu langen Touren bei Minustemperaturen durchzuführen. Den Pferden macht die Kälte nichts aus. Ihren Händen aber um so mehr. Wenn Sie die Leinen halten müssen, werden Sie erleben, wie nach kurzer Zeit die Kälte durch die Handschuhe kriecht und die Finger klamm werden. Wegen der Kälte ist es auch wichtig, alle Teile des Geschirrs gut zu fetten, denn sonst läßt die Geschmeidigkeit der Lederteile schnell nach.

Wenn Sie mit dem Schlitten eine Wegstrecke auf einer geräumten und gestreuten Straße zurücklegen müssen, dann steigen Sie Ihrem Pferd zuliebe vom Schlitten ab. Dies erleichtert ihm die Ar-

So wird das Pony vor den kleinen Rodelschlitten gespannt. Dabei aber bitte immer an das Ortscheit denken, an dem die Enden der Zugstränge befestigt werden!

beit und läßt Ihre Körpertemperatur wieder ansteigen, während Sie nebenher gehen.

Anspannen vor den Rodelschlitten

Eine ganz andere Art von Schlittenfahren ist Fahren mit dem Rodelschlitten. Aber gerade beim Fahren mit Rodelschlitten sollte man sehr vorsichtig sein und es nur dann praktizieren, wenn Sie sich auf Ihr Pferd absolut verlassen können. Auch hier ist die Voraussetzung, daß Sie das Pferd immer sicher an den Hilfen haben.

Beim Fahren mit dem Rodelschlitten können Sie je nach Kaliber des Pferdes einen oder mehrere Rodelschlitten hintereinander anhängen. Der Fahrer nimmt auf dem ersten Rodelschlitten Platz, und ab geht die Post. Dies ist ein großer Spaß für Fahrer und Pferd. Sie können auf diese Art und Weise aber auch kleine Wettrennen veranstalten, indem mehrere ihr Pferd vor den Rodelschlitten spannen und Sie auf einer verschneiten Wiese oder einem Reitplatz ein Rennen veranstalten.

Bei der Anspannung der Pferde berücksichtigen Sie bitte, daß die Zugstränge immer an ein Ortscheit angehängt werden, an dem der Rodelschlitten dann mit einem kurzen Seil befestigt wird.

Skikjöring

Und noch etwas macht im Winter allen Beteiligten sehr viel Freude, vorausgesetzt es liegt genügend Schnee und Sie haben eine große Wiese oder einen Acker in der Nähe. Beim Skikjöring fährt man aus dem Sattel.

Hierzu legen Sie dem Pferd am besten ein leichtes Brustblattgeschirr an. Auf der Wiese oder dem Acker angekommen, werden in die Zughaken rechts und links Longiergurte eingehängt, an denen sich hinten jeweils ein Skifahrer festhält. Dann können Sie zur Freude aller Beteiligten, mit zwei Skifahrern im Schlepptau, in voller Geschwindigkeit davongaloppieren.

Reitplatz eggen

Denken Sie einmal daran, daß das Pferd und was das Pferd noch bis vor 50 Jahren alles in Bewegung gebracht hat. Auch unsere Pferde sind durchaus in der Lage, leichte Arbeiten auszuführen. Wenn Sie also eine Nebenbeschäftigung für Ihr Pferd suchen und Spaß daran haben, warum sollte es dann nicht auch einmal eine Egge ziehen? Leichte Saateggen gibt es noch auf jedem Bauernhof, oder Sie können sich eine preiswert besorgen.

Unter der Voraussetzung, daß das Pferd sicher im Zug geht, ist dies auch eine sinnvolle Freizeitgestaltung. Darüber hinaus können Sie und Ihr Pferd das Geradeausfahren, Anfahren und wieder Halten, Kehrtwendungen üben und exaktes Anfahren von bestimmten Punkten aus durchführen. Auch für den Fahrer ist dies eine gesunde Betätigung, da er in diesem Fall zu Fuß hinter seinem Pferd hergehen muß. Dies können Sie natürlich genausogut mit einem angehängten Reifen oder einer leichten Schleppe durchführen.

Insgesamt ist das Fahren mit einer Egge eine hervorragende Übung für Sie selbst, da Sie auf den 40 Meter langen Geraden des Reitplatzes üben können,

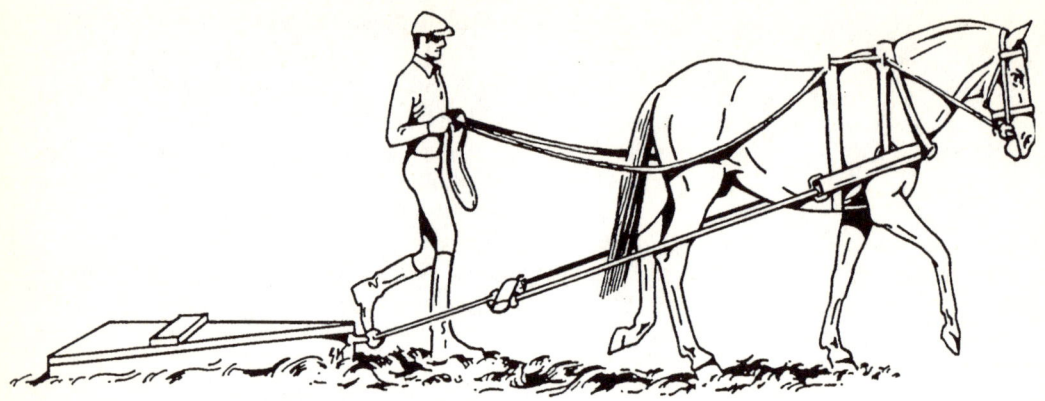

Ein schönes Training für das Pferd und auch für den Fahrer ist das Ziehen einer Schleppe. Dazu muß Ihr Pferd aber bereits sicher an den Hilfen gehen. Sonst ist davon abzuraten!

eine kontinuierliche Anlehnung an das Pferdemaul zu erzielen und beizubehalten. Auch für Ihr Pferd handelt es sich um eine sinnvolle Übung, da Sie bei leichtem Zug seine Hinterhand aktivieren, und da es lernt, exakt auf Ihre Hilfen zu reagieren. Das Ziel dabei sollte wie beim Reiten das geradegerichtete, gelöst im fleißigen Schritt gehende Pferd sein.

Beachten Sie aber bitte bei der Arbeit mit der Schleppe oder der Egge (siehe Seite 50), dies nur auszuführen, wenn Sie sich auf Ihr Pferd absolut verlassen können.

Wenn Sie unsicher sind, dann starten Sie den ersten Versuch zusammen mit einem Helfer, der das Pferd vorne am Führstrick hält. Sie nehmen die Leinen so in die Hand, daß Ihr Pferd sicher an den Hilfen steht. Aber wickeln Sie bitte niemals die Leinen um das Handgelenk, denn das kann im Ernstfall böse enden.

Rechts: Diese Kutsche in der Bauart einer Wagonette wird gleich mehreren Anforderungen gerecht: Sie eignet sich sowohl für den Ausflug mit vier bis sechs Personen als auch für den Einstieg in den Turniersport. Damit können Sie Dressurwettbewerbe bestreiten und an Hindernisfahrten teilnehmen. Für letzteres ist eine Spurweite von etwa 1,40 m zu empfehlen. Die hohe Lage des Bockes läßt Sie immer die Übersicht behalten.

Ausfahrten

Fahren im Straßenverkehr

Die Straßenverkehrsordnung

Wenn der Fahrer eines Pferdegespanns im Straßenverkehr unterwegs ist, muß er sich genauso wie Radfahrer an die Straßenverkehrsordnung halten. Diese regelt das Fahren mit Pferden im Straßenverkehr, indem sie besagt, daß der Fahrer geistig und körperlich in der Lage sein muß, sein Gespann sicher zu beherr-

schen. Wer ein Gespann nach Alkoholgenuß lenkt, wird genauso wie jeder Kraftfahrer mit zuviel Promille bestraft. Ein besonderer Führerschein wird für das Fahren aber nicht verlangt.

Leider kann man immer wieder beobachten, daß Gespannfahrer, obwohl sie sonst meist als Autofahrer am Verkehr teilnehmen, auf einmal die Verkehrsregeln vergessen haben und aus unerfindlichen Gründen Fußgänger-, Rad- oder Reitwege benutzen, obwohl deren Be-

nutzung durch Gebotsschilder anders geregelt ist, oder daß sie sich in anderer Weise undiszipliniert verhalten. Zum Glück dürfen wir bis auf ganz wenige Ausnahmen in Stadt und Land mit Pferd und Wagen überall fahren. Selbst im Landschaftsschutzgebiet, wo das Reiten verboten ist und auch dort, wo ein Sperrschild für Reiter steht, dürfen Gespanne ungehindert passieren.

Sollten Sie in der Dunkelheit noch fahren, müssen Sie das Gespann ausreichend beleuchten, mindestens aber mit einer weiß leuchtenden Laterne nach vorn und einer rot leuchtenden nach hinten. Es ist jedoch empfehlenswert, wenn sich die Fahrt in der Dunkelheit schon nicht vermeiden läßt, ein Kraftfahrzeug mit eingeschalteter Warnblinkanlage hinter dem Gespann herfahren zu lassen.

Auf der Straße

Unabhängig von der Straßenverkehrsordnung sind aber einige Dinge zusätzlich zu berücksichtigen, die vor allen Dingen für das Fahren auf Straßen inner- und außerhalb von Ortschaften zu beachten sind.

Wenn Sie auf der Landstraße unterwegs sind, dann denken Sie bitte daran, mit welcher Geschwindigkeit sich Ihr Gespann fortbewegt und mit welcher Geschwindigkeit die Autos fahren. Um nicht geschnitten oder behindert zu werden, ist es ratsam, mit ungefähr einem halben Meter Abstand vom rechten Straßenrand in der Mitte der rechten Spur zu fahren, so daß der folgende Autofahrer nicht in Versuchung gebracht wird, sich trotz Gegenverkehr zwischen Kutsche und Gegenverkehr durchzuquetschen. Sobald sich parallel zur Straße

ein befestigter Wirtschaftsweg befindet, sollte man diesen benutzen, um den flüssigen Verkehr auf der Straße zu ermöglichen und ständiges gefährliches Überholen zu vermeiden.

Fahren Sie rücksichtsvoll und vorsichtig, um entsprechend brenzlige Verkehrssituationen rechtzeitig noch vor Ihrem Pferd zu erkennen. Dazu gehören Situationen, in denen man Lkws und Omnibussen begegnet, oder aber wenn man von Lkws überholt wird. In diesen Fällen achten Sie immer darauf, Ihr Pferd sicher an den Hilfen zu haben, und beobachten Sie aufmerksam sein Ohrenspiel.

Damit das Ausfahren Spaß macht, empfehle ich Ihnen, Nebenstraßen zu suchen und möglichst Hauptverkehrsstraßen zu meiden, denn Autofahrer rechnen heute nicht mehr mit langsam dahinfahrenden Pferdegespannen! Wenn Autofahrer auf ein Pferdegespann treffen, dann reagieren sie ganz unterschiedlich. Der eine betrachtet es als Verkehrshindernis und damit als Ärgernis, da er in seinem Vorwärtsdrang gehemmt wird. Er wird möglicherweise versuchen, das Gespann durch Hupen von der Straße auf den Randstreifen zu vertreiben. Der nächste Autofahrer sieht ein Pferdegespann, freut sich des schönen Anblicks und hupt vielleicht vor Freude. Der Dritte mißachtet ganz einfach den langsamen Verkehrsteilnehmer, indem er ihn schneidet und so gefährlich behindert. Diese Situation kann insbesondere an Kreuzungen und Einmündungen beobachtet werden, wenn der Autofahrer noch ganz schnell das Pferdegespann überholt und sich später durch scharfes Bremsen wieder davor setzt und so den Gespannfahrer stark behindert. Dieser Autofahrer verstößt gegen § 1 der Straßenverkehrsord-

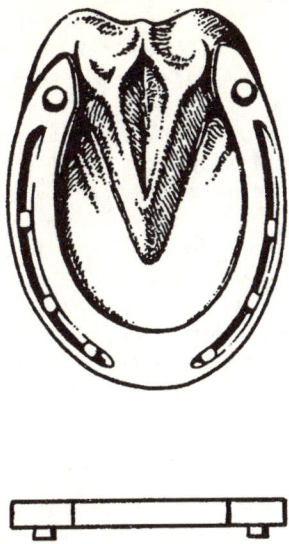

Solange das Gelände relativ eben ist und Sie vorwiegend auf dem Reitplatz oder auf Feldwegen fahren, kann der Beschlag wie beim Reiten unverändert bleiben. Für gelegentliches Fahren auf asphaltierten Straßen sind Hartmetallstifte zweckmäßig.

Bei schwerem Zug, z. B. vor dem Planwagen und im bergigen Gelände sowie für Fahrten auf gepflasterten Straßen sind Schraubstollen zu empfehlen. Diese erhöhen die Trittsicherheit der Pferde. Unarten wie Drängeln oder Abdeichseln können damit von vornherein vermieden werden.

nung (»Jeder Verkehrsteilnehmer hat sich so zu verhalten, daß kein anderer geschädigt, gefährdet oder mehr als nach den Umständen unvermeidbar behindert oder belästigt wird.«). Leider wissen nur noch wenige Autofahrer, wie man sich im Straßenverkehr einem Pferdegespann rücksichts- und verantwortungsvoll gegenüber verhält.

Fahren mit Beifahrer

Wenn es auch nicht vorgeschrieben ist, so gilt aber doch die Empfehlung, nicht allein zu fahren, sondern immer einen Bei-

fahrer mitzunehmen. Gerade im Straßenverkehr ist dies wichtig. Da der Fahrer auf der rechten Seite sitzt, muß der Beifahrer das Handzeichen zum Abbiegen nach links geben. Bei unvorhergesehenen Störungen kann der Beifahrer nach vorne gehen und das Pferd halten oder führen, oder aber auch erforderliche Handgriffe an Geschirr und Wagen ausführen.

Wann braucht man Stollen?

Beobachten Sie, vor allem beim Zweispänner, wie Ihre Pferde vor dem Wagen an der Deichsel gehen. Genauso wie beim

Reiten soll das Pferd geradegerichtet geradeaus gehen und mit der korrekten Biegung in der Wendung gehen. Wenn dies nicht der Fall ist, kann es daran liegen, daß die Pferde auf glatter Straße unsicher gehen. Dann können sie zum Drängeln oder zum Abdeichseln neigen. Beide Unarten können möglicherweise durch die Verwendung von Stollen vermieden werden. Eine fehlerhaft verschnallte Leine kann ebenso die Ursache sein.

Anhalten

Wenn Sie auf der Straße länger anhalten, dann geht der Beifahrer nach vorne und hält die Pferde am Kopfgestell. Weiterhin schreibt die Straßenverkehrsordnung für längere Stopps vor, beim Zweispänner die inneren Zugstränge auszuhängen und die Leine am Wagen anzubinden.

Rechts oben: Die Anspannung von vier Pferden nebeneinander vor einem römischen Kampfwagen erfordert einen hohen Ausbildungsstand von Pferden und Fahrer. Die rasante Fahrt der Kampfwagen kann man fast nur noch bei Hengstparaden bewundern.
Unten: Ursprünglich stammt das Tandem aus England. Hunde und Pferde mußten zur Jagd transportiert werden und wegen der schmalen Waldwege konnte nicht zweispännig gefahren werden. Die Lösung lag auf der Hand: Das Zugpferd transportiert die Hunde im Dogcart, und das Reitpferd lief vor dem Zugpferd voraus.

Unten: Bei Pferden, die im Gespann entweder drängeln (rechts) oder abdeichseln (links), muß die Ursache der Fehlstellung gesucht werden. Das kann die falsch verschnallte Leine oder ein falscher Beschlag sein. Versuchen Sie unbedingt, die Ursache abzustellen.

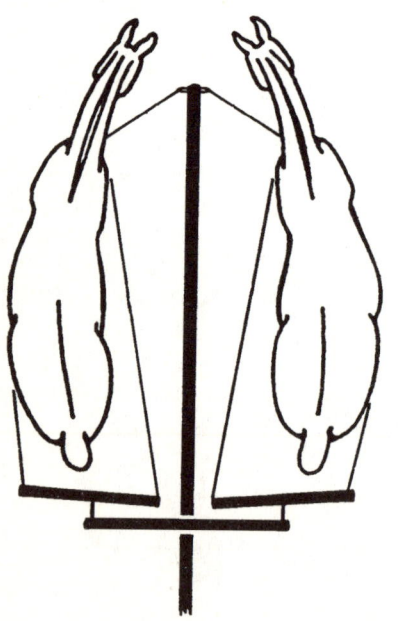
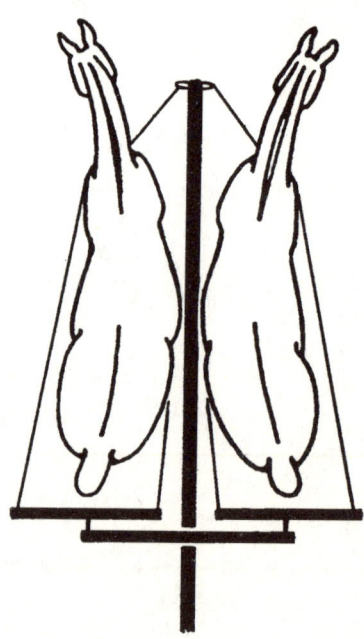

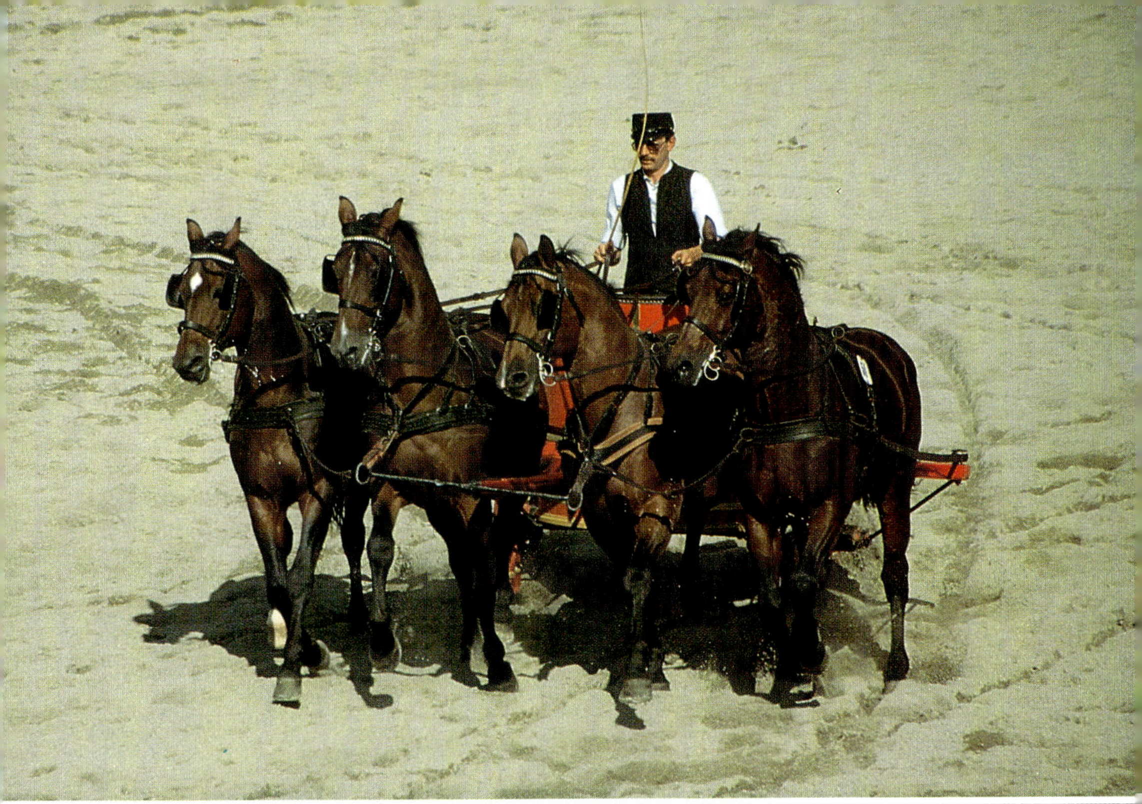

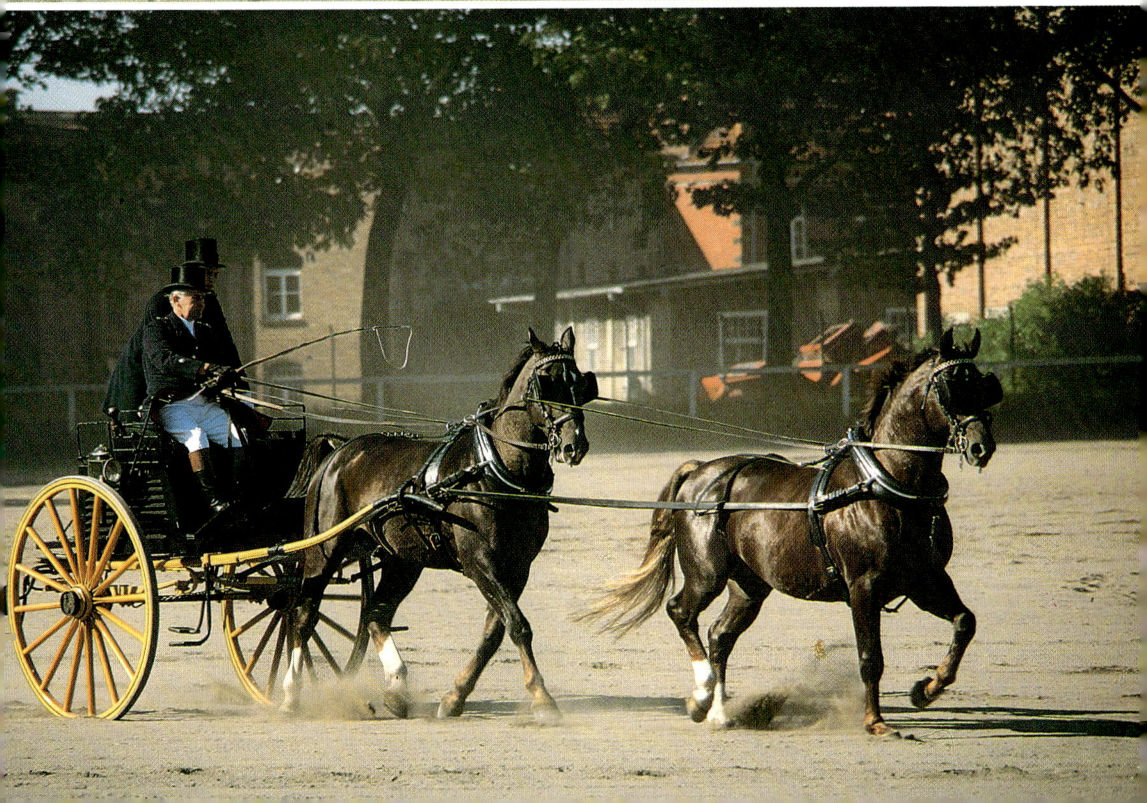

Was beim Fahren im Straßenverkehr beachtet werden muß

- Es gilt die Straßenverkehrsordnung.
- Die Pferde müssen verkehrssicher sein.
- Der Fahrer sollte den Nachweis seines Könnens in Form des Fahrerabzeichens Klasse IV erbracht haben, und er muß das Gespann geistig und körperlich beherrschen.
- Die Pferdehaftpflichtversicherung für Reit- und Zugpferde muß abgeschlossen worden sein.
- Da die Handzeichen nach links vom Beifahrer gegeben werden, sollte man nie ohne Beifahrer fahren!
- Bei längerem Halt geht der Beifahrer nach vorn und kann dabei die Pferde am Kopfgestell halten. Laut Straßenverkehrsordnung werden bei einem längeren Halt der jeweils innere Zugstrang gelöst, die Bremse fest angezogen und die Leinen am Wagen kurz angebunden.

Fahren in Wald und Flur

Wo darf man fahren?

Ob in der Lüneburger Heide oder im Inntal, am Niederrhein oder in Vorpommern, das Fahren in Wald und Flur ist glücklicherweise noch nicht so stark reglementiert wie das Reiten. Fahren in Wald und Flur bedeutet aber nicht, daß Sie sich alles erlauben können. Am besten ist es, wenn Sie sich vorher erkundigen, ob es für Natur- oder Landschaftsschutzgebiete Einschränkungen gibt. Prinzipiell ist dort auf allen Wegen, sogar auf denen, wo das Reiten untersagt ist, das Fahren möglich. Ich empfehle Ihnen aber, dieses vorher mit der zuständigen Naturschutzbehörde, die bei den Landkreisverwaltungen zu finden ist, abzustimmen. Dasselbe gilt für das Fahren im Wald. Wenn dort eine Schranke den Waldweg versperrt, dann ist es sowieso nicht möglich, diesen Weg zu benutzen, da das Gespann nicht ganz so flexibel ist wie der Reiter, der dies Hindernis im Sprung nehmen könnte. Andererseits ist nichts dagegen einzuwenden, den Waldweg zu benutzen, wenn dieser durch das Verbotsschild für Kraftfahrzeuge und für Motorräder gesperrt ist.

Dann können Sie die Fahrt durch den Wald genießen, was vor allem im Sommer wunderschön ist, da der Wald Schatten spendet und da es dort immer etwas kühler als in der freien Landschaft bei praller Sonne ist. Wenn Sie so in stiller Freude vor sich hin fahren, dann bitte fangen Sie aber nicht an zu träumen. Denn auch im Wald gilt es, stets aufmerksam zu sein, die Umgebung und vor allem den Weg voraus im Sichtfeld zu behalten und zu überlegen, was möglicherweise auf Sie zukommen kann. Gerade wenn Sie auf einem engeren Waldweg unterwegs sind,

Links: Die Fahrkunst in höchster Vollendung stellt das Fahren eines Randoms dar, bei dem drei Pferde in Reihe voreinander gespannt werden.

denken Sie daran, daß Ihrem Pferd und auch Ihnen ein Hindernis in die Quere kommen könnte. Oder denken Sie daran, daß eventuell Wild Ihren Weg kreuzen und Ihr Pferd erschrecken könnte.

Nachdem Sie nun eine ganze Weile durch den Wald gefahren sind, erreichen Sie wieder die freie Landschaft, und vor Ihnen liegt eine wunderschöne abgemähte Wiese, die gerade dazu einlädt, eine oder mehrere Runden auf ihr zurückzulegen. In dem Moment ist Ihre Entscheidungskraft gefordert. Beachten Sie bitte, daß Wiesen und Felder während der Vegetationsperiode, also im allgemeinen zwischen April und September, nicht genutzt werden dürfen. Ausnahmen davon sind möglich, wenn etwa ein Getreidefeld gerade abgeerntet worden ist und nun als Stoppelfeld vor Ihnen liegt. Je nach Bodenfeuchtigkeit wäre eine Wiese sicherlich auch befahrbar, wenn sie gerade abgemäht worden ist. Maßgeblich sollte für Ihre Entscheidungsfindung sein, daß Sie durch Ihre Benutzung keinen Flurschaden anrichten. Wenn Sie von der Wiese wieder herunterfahren und die Ausfahrt auf dem Feldweg weitergeht, dann denken Sie bitte daran, beim Überholen von Passanten oder wenn Ihnen Spaziergänger oder Radfahrer entgegenkommen, Ihr Pferd zum Schritt durchzuparieren und die Mitmenschen immer freundlich zu grüßen. Damit Sie dies tun können, ist es zweckmäßig, eine Mütze oder einen Hut zu tragen. Übrigens braucht man eine Kopfbedeckung nicht nur zum Grüßen, sondern sie ersetzt bei Regen den Schirm und verhindert bei Sonnenschein den Sonnenstich.

Querfeldein fahren?

Wie es das Schicksal will, endet der Weg auf einmal im nichts. Eine Situation, die Sie besonders in Gebieten, in denen die Flurbereinigung durchgeführt worden ist, immer wieder erleben. Das einfachste ist sicherlich, zu wenden und den Weg zurückzufahren. In Ausnahmefällen ist es vielleicht auch möglich, querfeldein einen anderen Weg zu erreichen. Hierbei sollten Sie jedoch bedenken, daß das Querfeldeinfahren mit einem gewissen Risiko verbunden ist, weil Sie über die Tragfähigkeit des Untergrunds nicht Bescheid wissen, und weil Sie möglicherweise auch mit einem leichten Wagen Ihr Pferd überfordern, wenn Sie mit ihm in ein Feld hineinfahren. Die schmalen Räder sinken meist im Ackerboden ein, der Zugwiderstand erhöht sich dementsprechend, und schon zieht Ihr Pferd nicht mehr. Dann gibt es nur noch eine Rettung: Sie müssen absteigen und Ihr Pferd ausspannen, es auf den Weg zurückführen und versuchen, den Wagen wieder auf festen Grund zu bekommen. Deswegen ist es besser, solche Experimente von vornherein zu unterlassen, wenn Sie die Strecke nicht genau kennen. Bleiben Sie besser stehen und schicken Sie Ihren Beifahrer zur Erkundung der örtlichen Gegebenheiten los. Er wird die Situation in kurzer Zeit überblicken, und anschließend können Sie, ohne Gefahr zu laufen, sich festzufahren, die Ausfahrt fortsetzen.

Unterwegs über Land

Wenn das Fahren mit Geschirr und Wagen auch etwas mehr Aufwand erfordert, so hat es aber auch seine Vorteile, weil im

Einen Planwagen gibt es in verschiedenen Größen für kleine und große Pferde. Der Witterungsschutz ist für die Mitfahrer gut, für den Fahrer und den Beifahrer stark von der Windrichtung abhängig. Bevor Sie Ihr(e) Pferd(e) das erste Mal vor einen Planwagen spannen, denken Sie daran, daß manche Pferde ein solches Verdeck nicht auf Anhieb mögen.

Gegensatz zum Reiten gleich mehrere Personen das Fahrvergnügen erleben können. Und so kommt vielleicht bei dem einen oder bei dem anderen von ihnen auch der Gedanke auf, mit der ganzen Familie oder mit Freunden und Bekannten eine Landpartie zu machen. Nun, nichts leichter als das, der Wagen ist

vorhanden, das Pferd ist eingefahren, das Ziel ist bekannt, und jeder erwartet eine wunderschöne, erholsame Fahrt. Hoffentlich haben Sie jetzt nicht gleich neben Ihrer Familie auch noch alle Verwandten und einige Bekannte eingeladen, und 18 oder 20 Personen erwarten den Start.

Strecke und Gewicht

Um die Pferde nicht zu überfordern, sind neben dem Gewicht des Wagens auch die Beschaffenheit der Wege und die Höhenunterschiede in der Strecke einzukalkulieren. Weiterhin ist die Distanz entsprechend des Trainingszustands der Pferde zu bestimmen. Wenn Sie Ihr Pferd tagtäglich bewegen und eine Stunde intensiv mit ihm arbeiten, dann ist eine Entfernung bis zu 30 km bei nicht zu schwierigem Gelände und nicht zu hoher Zuglast ohne weiteres möglich.

Für die Zuglast können Sie folgende Faustformel annehmen:
● im ebenen Gelände kann das Pferd ungefähr das Doppelte seines eigenen Körpergewichts ziehen;
● bei schwerem Boden bzw. bei großen Höhenunterschieden kann das Pferd sein eigenes Körpergewicht ziehen.

Ein Warmblüter wiegt etwa 550 kg und kann ohne weiteres einen leichten Wagen mit einem Gewicht von etwa 250 kg bzw. mit vier Erwachsenen ziehen, dies ergibt wiederum ein Gewicht von etwa 500 kg. Wenn Sie mehr Personen bei Ihrer Fahrt über Land mitnehmen möchten, dann müssen Sie einen Zweispänner einkalkulieren. Oder Sie spannen alternativ ein Rheinisches Kaltblut vor den Wagen, das 1000 kg und mehr wiegt. Das geht natürlich auch.

Pausen

Wenden wir uns nun den Unwägbarkeiten unterwegs zu. Wir nehmen uns eine Strecke von etwa 30 km vor und beabsichtigen, diese mit ein oder zwei Zwischenstopps zu bewältigen. Bei einer ausgewogenen Mischung aus Schritt und Trab können Sie mit einer Reisegeschwindigkeit von 8–10 km/Stunde rechnen. Dementsprechend können Sie unterwegs eine oder zwei Pausen vorsehen. Suchen Sie sich dazu einen geschützten Platz, vielleicht am Waldrand, und gönnen Sie dort Ihrem Pferd eine Verschnaufpause. Je nach Witterung legen Sie ihm eine Decke über, und lassen Sie es ein wenig Heu fressen. Sie können dabei Ihr Pferd angespannt stehen lassen. Haben Sie einen Zweispänner, so hängen Sie die inneren Zugstränge aus und legen diese den Pferden über die Kruppe. Ganz unabhängig davon, wo Sie die Pause einlegen, sollte immer eine Aufsicht beim Gespann bleiben, um notfalls eingreifen zu können.

Die Ausrüstung für unterwegs

Um eventuellen Witterungsänderungen vorzubauen, haben Sie selbstverständlich auch eine Decke für das Pferd eingepackt. An sich selber denken Sie aber bitte auch,

Organisation einer Fahrt übers Land
● Tourenplanung
● entweder vorherige Streckenbesichtigung oder Fahren mit Karten (Maßstab von 1:50 000 oder 1:25 000) und bei der Streckenplanung die Höhenunterschiede mit einkalkulieren;
● für Pferde, die eine Stunde pro Tag gearbeitet werden, können Tagesentfernungen von etwa 30 km eingeplant werden; bei besserer Kondition kann die Strecke auf bis zu 50 km ausgedehnt werden
● Zwischenstopps und Übernachtungsmöglichkeiten vorher abklären
● Verhältnis von Pferdegewicht (Zugkraft) zu Wagen- und Personengewicht (Zuglast) überprüfen
● Pferdedecken und wetterfeste Bekleidung mitnehmen
● Werkzeug und Hilfsmittel für eventuelle Reparaturen
● Verbandskasten
● Haftpflichtversicherung für Reit- und Zugpferde abschließen

denn es empfiehlt sich immer, regenfeste Bekleidung dabeizuhaben. Es ist meist nicht so einfach, sich mit Pferd und Wagen irgendwo unterzustellen.

Weiterhin empfiehlt es sich, eine Grundausrüstung an Werkzeug und an Hilfsmitteln auf dem Wagen mitzuführen. Sehr praktisch sind ein Eimer, eine wetterfeste Plane, zwei Steigbügelriemen, die für viele Schäden, die eventuell am Geschirr auftreten können, ein wunderbares Hilfsmittel zur Reparatur darstellen.

Auch beim besten Geschirr kann es vorkommen, daß Teile nachgeben und reißen. So etwas geschieht, wenn Ihr Pferd scheut und plötzlich einen Satz zur Seite macht. Es kann aber auch versuchen, wenn es schwitzt, sich bei einem Halt den Kopf zu scheuern und zerreißt dabei das Kopfgestell. Oder aber das Ortscheit bricht, und Sie benötigen ein Hilfsmittel, um Ihr Pferd provisorisch in die Lage zu versetzen, den Wagen weiterzuziehen.

In allen Fällen sind zwei Steigbügelriemen praktisch, mit denen Sie für diese Notfälle Vorsorge tragen. Die gerissene Halskoppel können Sie dann ausschnallen und durch den Steigbügelriemen ersetzen. Das Kopfgestell, das Sie unbedingt zum Fahren benötigen, können Sie ebenfalls mit Hilfe des Steigbügelriemens wieder instandsetzen. Mit beiden Steigbügelriemen können Sie notfalls die Zugstränge am Vorderwagen befestigen und sind so in der Lage weiterzufahren. Wenn Sie mit einem Brustblattgeschirr fahren, dann sollten Sie diese Hilfsmaßnahme jedoch nur für eine kurze Wegstrecke einplanen, da bei der genannten Notbefestigung das Brustblatt auf der Brust des Pferdes reibt. Empfehlenswert ist es daher, was auch bei Turnieren der Kategorie B und A vorgeschrieben ist, bei einer Fahrt über Land einen Ersatzzugstrang, ein Ersatzortscheit und auch eine Ersatzleine auf dem Wagen mitzuführen.

Außerdem ist es praktisch, neben Hammer und Zange Hufnägel mitzuführen, um einen unterwegs locker werdenden Beschlag für den Rest der Strecke instandsetzen zu können. Zusätzlich hat der Fahrer sowieso immer ein Messer dabei, mit dem er sich in allen möglichen Situationen helfen kann. Und wenn es nur dazu nützlich ist, eine Getränkeflasche zu öffnen. Einige Strohkordeln, Bindegarn oder Preßbänder sind sinnvolle Hilfsmittel in allen möglichen Notsituationen. Zum Schluß überprüfen Sie bitte auch, ob Sie einen Verbandskasten dabei haben.

Routenplanung

Es kann vorteilhaft sein, die Wege, die Sie fahren wollen, gut zu kennen. Reizvoll ist natürlich auch, eine ganz neue Strecke nach Karte zu fahren, dann empfiehlt es sich aber, die ausgewählte Strecke vorher mit dem Auto abzufahren. Dazu können Sie sich im Fachhandel Pläne im Maßstab 1:50000 oder noch besser 1:25000 kaufen. Mit einer solchen Karte im Gepäck können Sie dann auch auf Erkundungsfahrt gehen. Dabei werden Sie feststellen, daß es auch noch viele Wege gibt, auf denen Sie abseits vom Straßenverkehr die Landschaft erkunden und genießen, viele neue Eindrücke gewinnen können und auch so sicher an Ihr Ziel gelangen werden. Je nachdem, wie Sie nun Ihre Tour anlegen, als Rundtour oder als Tour mit mehreren Etappenzielen, ist es zweckmäßig, wenn Sie sich vorher erkundigen,

So fuhren die Menschen früher zur Jagd. Zwei-spännig bespannt stellt der Jagdwagen für vier bis sechs Personen eine bequeme Kutschen-bauart dar, mit der das Ausfahren Freude macht. Durch die hohe Sitzposition behalten alle stets eine gute Übersicht. Der stilgerechte Jagdwagen besitzt hinten eine herabklappbare Wildbrücke.

wo und wie Sie Ihr Pferd über Nacht ein-stellen können. Klären Sie dies am besten im voraus, dann können Sie auch, wenn Sie sich unterwegs einmal verfahren soll-ten, wenigstens in Ruhe auf Ihr Ziel zu-fahren, ohne Bedenken zu haben, abends vielleicht nicht unterzukommen.

Wenn Sie über Land unterwegs sind, haben Sie natürlich immer ein wachsames Auge für den Bewegungsablauf Ihres Pferdes. Was machen Sie, wenn Sie beob-achten, daß es plötzlich lahm geht? Selbstverständlich parieren Sie durch und halten an. Wenn Sie vorher auf gekiesten oder geschotterten Wegen gefahren sind, kann es sein, daß sich ein kleiner Stein zwischen Strahl und Hufsohle festgesetzt hat. Es kann sich aber auch ein großer Stein unter einem Hufeisen eingeklemmt haben. Beides können Sie durch sorgfäl-tiges Untersuchen der Hufe feststellen. Nach Beseitigung des Steins oder aber auch eines anderen Gegenstands aus dem Huf können Sie dann im Schritt weiter-fahren. Nach kurzer Strecke wird Ihr Pferd wieder gleichmäßig treten.

Sollte hingegen die Lahmheit beste-hen bleiben, so hilft es nur, vorsichtig im Schritt bis zur nächsten Siedlung weiter-zufahren oder aber auszuspannen und es zur nächsten Ortschaft zu führen und an-schließend mit dem Pferdehänger heim-zufahren.

Sicher fahren

Der große deutsche Fahrer Max Pape hat gesagt: »Die Weichheit der Hand liegt im Kopf.« Es ist also ganz wichtig, durch die Kombination aus Sehen, Hören und Fühlen die möglichen Folgen für Pferd und Gespann schon im voraus zu erahnen, denn so kann man das Pferd im Geschirr schonen und vor Gefahren bewahren. Wenn Sie dies beherzigen, wird Ihr Pferd sich immer darauf freuen, vor dem Wagen gehen zu dürfen, und es wird von Mal zu Mal ruhiger und zuverlässiger diese, nicht nur für den Menschen, sondern auch für das Pferd schöne und angenehme Disziplin Fahren ausüben.

Die Leinen

Die einzige direkte Verbindung zum Pferd ist die Verbindung über die Leinen zwischen der Hand des Fahrers und dem Pferdemaul. Deswegen ist es für die Sicherheit wichtig, daß der Fahrer das Ge-

Das Leinenfangen kann passieren, wenn die Sitzposition auf dem Wagen sehr niedrig ist. Das Pferd schlägt mit dem Schweif und klemmt die Leine ein. In diesem Fall hilft der Beifahrer, der nach vorne geht und die Leine wieder unter dem Schweif hervorholt.

spür des Reiters für sein Pferd auf andere Weise ausgleicht. Dazu muß er aufmerksam mit allen Sinnen bei seinem Gespann sein.

Das Leinenfangen

Der Fahrer verfolgt, wie die Leinen nach vorne zum Pferdemaul verlaufen und ob sie sich nicht irgendwo verhakt haben. Je

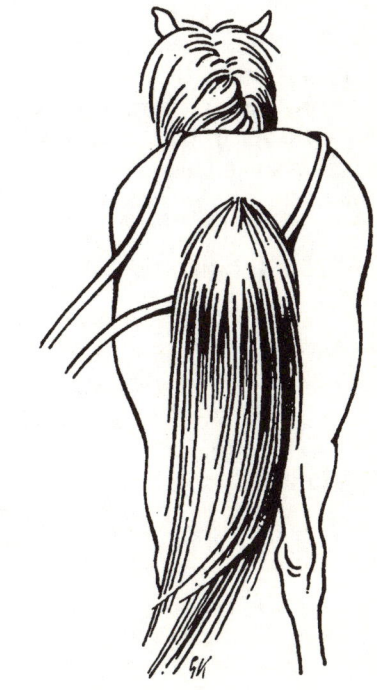

niedriger Sie hinter dem Pferd auf dem Wagen sitzen, um so leichter kann es vorkommen, daß das Pferd mit dem Schweif schlägt und dabei die rechte oder linke Leine erwischt und einklemmt.

Dieses *Leinenfangen* ist sehr unangenehm, weil Ihnen damit schlagartig die wichtige Hilfengebung mit der Leine genommen werden kann. Indem Sie den Beifahrer bitten, abzusteigen und die Leine unter dem Schweif wieder hervorzuziehen, können Sie das Gespann wieder zuverlässig an die Hilfen stellen.

Das Tempo

Lauschen Sie nun aufmerksam auf das Geklapper der Hufeisen. So wird Ihnen weder eine Taktunreinheit, noch eine Steigerung oder Reduzierung der Geschwindigkeit, noch ein loses Eisen entgehen. Gerade die Geschwindigkeitsänderungen muß der Fahrer hören, denn einen Tacho gibt es bisher noch nicht auf der Kutsche oder auf dem Wagen, um dementsprechend durch halbe Paraden, also durch Annehmen und Nachgeben der Leinen, das Tempo zu korrigieren.

Die Verbindung zwischen Hand und Pferdemaul

Das Fühlen beim Fahren betrifft natürlich in erster Linie die Verbindung zwischen Hand und Pferdemaul. Wenn Sie mit durchhängender Leine fahren, können Sie natürlich nichts spüren. Allein das sollte schon Anlaß genug für Sie sein, die Leinen zu verkürzen und so die Verbindung zu den Pferdemäulern wieder herzustellen. Gehen Sie immer davon aus, daß Sie beim Einspänner etwa ein und beim Zweispänner zirka zwei Kilogramm

Zugkraft aufbringen müssen, um überhaupt die Leinen zwischen Pferdemaul und Hand gestrafft zu halten. Dieses Gewicht sollten Sie immer in der Hand haben, denn nur mit Anlehnung können Sie Ihr Pferd zu Maultätigkeit anregen. Wenn nun Ihr Pferd aus irgendwelchen Gründen schneller wird, hören Sie es an der Taktänderung des Hufschlags, und Sie reagieren, indem Sie die Leinen verkürzen. Aber passen Sie hierbei auf, und machen Sie nicht den Fehler, sich festzuziehen! Wie beim Reiten, wird auch beim Fahren die halbe Parade angewendet. Im Trab wird durch das Auf und Ab des Pferderückens die Leine in senkrechte Schwingungen versetzt, und so wird automatisch mit jedem Schritt eine halbe Parade gegeben. Sie brauchen also die Leine nur **einfühlsam** zu halten. Im Schritt können Sie die halbe Parade wie auch beim Reiten durch leichtes Eindrehen mit dem Handgelenk erzeugen. Achten Sie bitte wirklich darauf, sich nicht am Pferdemaul festzuziehen. Auch viel schwierigere Situationen lassen sich durch ständiges Annehmen und wieder Nachgeben mit halben Paraden meistern.

Das Verhalten des Pferdes

Ein entspanntes Schnauben des Pferdes läßt immer auf Wohlbefinden und Zufriedenheit schließen. Im Zusammenspiel aus einem ruhigen Ohrenspiel, einem nickenden Kopf und einem pendelnden Schweif zeigt sich ein gelöstes Pferd.

Lahmheit

Wenn Sie reiten, dann spüren Sie sofort, wenn Ihr Pferd lahmt. Der Fahrer kann sich nicht auf ein ungleichmäßiges Gefühl unter seinem Hosenboden verlassen, sondern er kann nur die Augen offenhalten und den gleichmäßigen Bewegungsablauf seines Kameraden im Geschirr vor sich beobachten. Das Pferd geht taktrein und nicht lahm, wenn der Kopf gleichmäßig nickt und die Kruppe während des Fahrens auf einer Ebene bleibt. So erhalten Sie einen Eindruck des Bewegungsablaufs der Vor- und Hinterhand und erkennen rechtzeitig, wann Unregelmäßigkeiten vorliegen.

Die Stimmung

Das Ohrenspiel des Pferdes ist sein Stimmungsbarometer. Von ihm können Sie ablesen, ob Ihr Pferd gerade mit hängenden, pendelnden Ohren kurz vor dem Einschlafen ist oder ob es mit nach vorne aufgestellten Ohren etwas sehr angespannt ins Visier genommen hat, das Sie vielleicht noch gar nicht registriert hatten. Dabei sehen Sie auch, ob das Pferd von unliebsamen Bremsen belästigt wird. Bremsen lassen sich entfernen, indem Sie sie ganz vorsichtig mit der Peitsche vom Pferd wischen.

Pferde wünschen häufig den Stimmkontakt mit ihren Reitern und Fahrern. Dann drehen sie die Ohren nach hinten, um von dort ein Signal zu empfangen. Reden Sie Ihrem Pferd bei dieser Gelegenheit gut zu, oder teilen Sie ihm mit, was Sie demnächst vorhaben.

Die Ausrüstung

Vor und während jeder Ausfahrt ist es ganz wichtig, die gesamte Ausrüstung auf Mängel hin zu beobachten. Ihr Blick richtet sich zuerst nach unten vor sich auf die Zugstränge. Wenn das Pferd an den Hilfen steht, sollen sie immer gleichmäßig gespannt sein. Außerdem erkennen Sie beim Zweispänner, welches Pferd zieht und welches Pferd einfach nur mitläuft. In dieser Situation muß das faulere von beiden angetrieben oder das fleißigere zurückgenommen werden. Weiterhin lassen Sie Ihre Augen über das Pferd und seine Ausrüstung gleiten, und kontrollieren Sie, ob das Geschirr noch in Ordnung und nicht verrutscht ist oder ob Ihnen noch Fehler in der Verschnallung auffallen.

Es ist weiterhin wichtig, auf die Geräusche des Wagens zu lauschen. Haben Sie vielleicht vergessen, die Bremse zu lösen? Oder gibt es ein anderes neues Geräusch, das Ihnen verdächtig vorkommt? Dann sollten Sie anhalten und nachschauen, woher es kommt und ob vielleicht ein Radlager heiß geworden ist.

Im Straßenverkehr

Wie an anderer Stelle beschrieben (siehe S. 67), berücksichtigen Sie die Verkehrsschilder, die Verkehrsentwicklung vor Ihnen, und beobachten Sie zu Ihrer Sicherheit, was sich rechts und links von der Straße tut.

Der Gegenverkehr

Zu den unangenehmsten Situationen im Straßenverkehr gehört die Fahrt entlang eines Maisfeldes. In der Hälfte aller Fälle flattert, während Ihrer Fahrt entlang dem Maisfeld, ein Rebhuhn oder ein Fasan überraschend hervor. Meist erschrecken dabei Pferde und Fahrer. Also kalkulieren

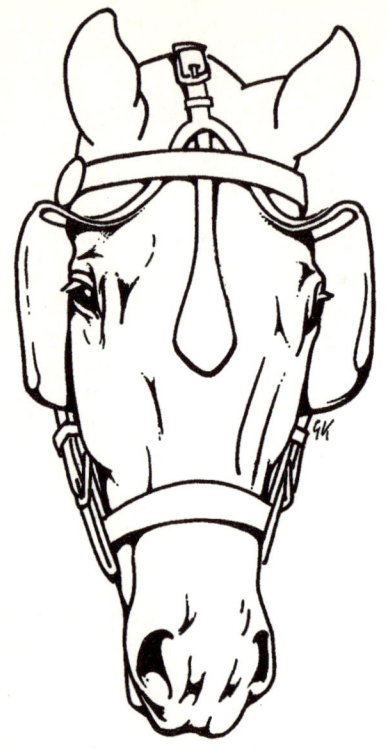

Die richtige Lage der Scheuklappen muß bei jedem Aufschirren geprüft werden. Wichtig ist die stabile Lage der Klappen (sie dürfen nicht hin und her klappen), so daß ein Berühren der Wimpern oder gar der Augen beim Fahren unmöglich wird.

Der nachfolgende Verkehr

Dem Kutschpferd ist mit den Scheuklappen das Gesichtsfeld nach hinten eingeschränkt, so daß es die sich hinter ihm abspielenden Dinge nur mit seinen beweglichen Ohren einfängt. Genauso können Sie sich mangels Rückspiegels angewöhnen, nach hinten zu hören und so zu registrieren, wann sich Autos von hinten nähern. Dann fahren Sie ein wenig weiter nach rechts an den Straßenrand heran, so daß der Autofahrer Sie überholen kann. Aber denken Sie bitte immer an den Sicherheitsabstand von einem halben Meter zum Straßenrand. Wenn Sie einen Lkw nahen hören, dann richten Sie sich darauf ein, daß er die Geschwindigkeit hinter Ihnen reduziert und daß er genau dann, wenn er sich auf gleicher Höhe mit Ihnen befindet, Zwischengas gibt und wieder beschleunigen wird. Auch das ist eine Situation, die Sie durch rechtzeitige Aufmerksamkeitsparaden leicht in den Griff bekommen können. Nehmen Sie also die Leinen so in die Hand, daß Sie in dem Moment, wenn der Lkw-Fahrer Zwischengas gibt, reagieren können.

Sie derartige Situationen bitte von vornherein ein, und nehmen Sie die Leinen so in die Hand, daß Sie auf ein Scheuen Ihres Pferdes rechtzeitig reagieren können. Dies ist vor allem auf zweispurigen Straßen wichtig, wenn das Maisfeld rechts von Ihnen liegt. Dann kann es vorkommen, daß Ihr Pferd nach links in den Gegenverkehr ausweichen möchte. Also gerade in einem solchen Fall ist Vorsicht die Mutter der Porzellankiste!

Fahren für Fortgeschrittene

Übung macht den Meister

Fahrlehrgänge

Fahren lernt man nur durch Fahren. Das gilt für Sie und Ihr Pferd gleichermaßen. Damit jeder der Beteiligten etwas davon hat, möchte ich einen alten Spruch zitieren: »Junge Reiter« gehören auf »alte Pferde«, »Junge Pferde« gehören unter »alte Reiter«. Das gilt natürlich ebenso für das Pferd vor dem Wagen wie für den Fahrer auf dem Bock. So betrachtet, kann also nur empfohlen werden, daß Sie jede Gelegenheit nutzen, die Kunst des Fahrens zu erlernen, zu üben und weiter zu perfektionieren. Dies bringt Sie und Ihr Pferd voran, so daß irgendwann der Punkt erreicht ist, an dem Sie zusammen mit Ihrem Pferd nicht nur die nötige Erfahrung gesammelt haben, sondern auch entspannt das Fahren genießen können. Damit Sie fundierte Grundlagen ausbauen können, empfehle ich Ihnen, von dem vorhandenen Angebot an Lehrgängen zum Erlernen und Verbessern des Fahrens Gebrauch zu machen.

Seit nunmehr 70 Jahren wird in Deutschland nach dem von Benno von Achenbach eingeführten Fahrsystem gelehrt. Das Prinzip dieses Fahrsystems verbindet die größte Zweckmäßigkeit und Sicherheit mit der wirksamen Schonung der Pferde. Das Achenbachsche Fahrsystem basiert auf folgenden Grundsätzen:

- Zum korrekten Fahren gehört die Achenbachleine, die Peitsche in der Hand des Fahrers und die feste Waage.
- Die Handgriffe für ein-, zwei- und mehrspänniges Fahren bauen aufeinander auf, so daß der Fahrer nicht umlernen, sondern seine Kenntnisse lediglich erweitern muß.
- Alle Leinen sind in der linken Hand vereint, so daß die rechte Hand jederzeit zum Peitschengebrauch, zum Bedienen der Bremse, zur Angabe von Fahrtrichtungszeichen oder zum Grüßen zur Verfügung steht.
- Alle Wendungen werden durch Nachgeben mit der äußeren Leine eingeleitet. Allen Wendungen geht stets ein Verkürzen des Tempos voraus.

Fahrturniere

Fahrerabzeichen

Obwohl Sie zum Fahren eines Gespanns im öffentlichen Straßenverkehr keinen Führerschein benötigen, ist es empfehlenswert, den Nachweis zu erbringen, daß Sie mit den Grundzügen des Achenbachschen Fahrsystems vertraut sind.

Diesen Nachweis können Sie durch die Ablegung der Prüfung zur Erlangung des Fahrerabzeichens Kl. IV (Kleines Fahrerabzeichen), Kl. III (Bronzenes Fahrerabzeichen) und Kl. II (Silbernes Fahrerabzeichen) erbringen.

Die Fahrerabzeichenprüfung besteht immer aus einer theoretischen und einer praktischen Teilprüfung. Für das Kleine Fahrerabzeichen müssen Sie in der Lage sein, mit richtigem Abmessen der Leinen auf- und abzusteigen, die Leinen von einem Zweispänner korrekt zu verschnallen, ihn im Gelände und im Straßenverkehr sicher zu beherrschen. Für das Bronzene Fahrerabzeichen muß man zusätzlich einen Zweispänner erfolgreich in einer Dressuraufgabe der Klasse A vorstellen. Beim Silbernen Fahrerabzeichen werden Ihnen die Aufgaben der Kl. IV und III entsprechend für einen Vierspänner und eine Dressuraufgabe der Kl. L abverlangt. Bei allen Fahrerabzeichen werden Haltung, Leinen- und Peitschenführung beurteilt.

Teilnahme am Fahrturnier

Die Teilnahme an Fahrturnieren ist über die Bestimmungen der Leistungsprüfungsordnung (LPO) der Deutschen Reiterlichen Vereinigung (FN) geregelt. Für die Teilnahme an Turnieren der Kategorien A und B braucht man einen Fahrerausweis, den man nach Absolvieren des Fahrerabzeichens Kl. IV (bis Kat. B, Klasse A) oder Kl. III (ab Kat. B, Klasse L) bei der FN beantragen kann. Bei Turnieren der Kat. C wird kein Fahrerausweis verlangt. Bei diesen Einsteigerturnieren (E), die erfreulicherweise in den letzten Jahren immer zahlreicher geworden sind, können Sie mit Ihrem Ein- oder Zwei-

spänner teilnehmen. Dort werden leichte Dressuraufgaben und Hindernisfahrten ausgeschrieben.

Generell ist zu den Fahrturnieren zu sagen, daß die Teilnehmerfelder sich in Größenordnungen bewegen, die noch leicht überschaubar sind und die den Teilnehmern einen regen Kontakt untereinander ermöglichen. Wie überall gilt auch hier: Übung macht den Meister!

Vor einer eigenen Turnierteilnahme empfiehlt es sich, einmal ein regionales Fahrturnier zu besuchen, bei dem in der Kat. C Dressurprüfungen und Hindernisfahrten ausgeschrieben worden sind. Es ist immer lehrreich, anderen Fahrern und ihren Ein- und Zweispännern zuzuschauen.

Die Nennung

Wie stellt man die Teilnahme an einem Fahrturnier nun praktisch an? Am besten verfolgen Sie die örtliche Presse, oder aber Sie besorgen sich die entsprechende Fachzeitschrift, in der die in Ihrer Region geplanten Turniere ausgeschrieben werden. Sie können aber auch bei dem regionalen Reit- und Fahrsportverband anrufen und sich von dieser Stelle informieren lassen, wo ein Fahrturnier in Ihrer Nähe stattfindet.

Zu einem Turnier meldet man sich innerhalb der ausgeschriebenen Nennfrist schriftlich an und entrichtet gleichzeitig die Nenngebühren. Vom Veranstalter bekommt man zur Orientierung dann rechtzeitig die Bestätigung der Nennung und einen vorläufigen Zeitplan des Turniers. Am Turniertag müssen die Startmeldung und das Startgeld für die jeweilige Prüfung innerhalb der Meldezeit entrichtet werden.

Die Dressuraufgabe

Bei der Dressur können Sie einen Blick auf die ab Seite 19 erwähnten unterschiedlichen Anspannungsarten mit Kumt- oder Brustblattgeschirr werfen. Sie können sich die, in diesem Buch abgebildeten, unterschiedlichen Wagentypen ansehen, wenn Sie zum Vorbereitungsplatz oder zum Dressurviereck gehen. Die gemeldeten Gespanne werden nacheinander aufgefordert, in das Dressurviereck zu fahren, das 40 x 80 m mißt.

Nach Ertönen der Startglocke fahren die Teilnehmer auf die Mittellinie, halten am Mittelpunkt und grüßen die Richter. Damit beginnt schon die Dressuraufgabe, bei der die Fahrer zusammen mit ihren Pferden ihr Können demonstrieren. Das Gespann muß in Trab und Schritt vorgestellt werden. Es werden Lektionen gefordert, bei denen Zirkel, Volten, Schlangenlinien, Kehrtwendung, Trabverstärkung und Halten für zehn Sekunden gezeigt werden müssen. Die Richter beurteilen dabei die Vorstellung des Gespanns, wie gut die Pferde herausgebracht werden, aber auch den Fahrer selber, wie gut und korrekt im Sinne des Achenbachschen Fahrsystems er die Hilfengebung mit Leinen und Peitsche beherrscht. Auch das möglichst exakte Fahren der Hufschlagfiguren wird beurteilt.

Bei häufigen Turnierbesuchen als Zuschauer werden Sie sehr schnell einen Blick dafür entwickeln, wie gut der einzelne Fahrer sein Gespann vorstellt, können dann Ihre eigene Favoritenliste aufstellen und diese hinterher mit der Beurteilung der Richter vergleichen. Natürlich ist diese immer auch subjektiv, so daß Sie auch sicher für Sie unverständliche Plazierungen erleben werden.

Die Hindernisfahrt

Nachdem die Ein- und Zweispänner ihre Dressuraufgaben absolviert haben, folgt das Hindernisfahren. Hierbei entsteht Spannung bei Fahrern und Zuschauern, denn es geht um Fehlerpunkte und Zeit. Es ist also vergleichbar mit dem Springreiten.

Für den Hinderniswettbewerb wird ein Hindernisparcours aufgebaut, der in der Regel aus vierzehn bis fünfzehn »Hindernissen« besteht. Diese Hindernisse sind natürlich keine Sprünge, sondern sie bestehen aus einzelnen Gummikegeln, die in einem definierten Abstand zueinander aufgestellt werden. Das Gespann muß durch sie hindurchfahren. Zusätzlich kann ein sogenanntes L- oder U-Hindernis aufgebaut werden, um die Anforderung zu erhöhen. Bevor nun das Hindernisfahren beginnt, werden die Spurweiten der einzelnen Wagen der Teilnehmer an der Hinterachse gemessen, und für jeden einzelnen Teilnehmer wird der Hindernisparcours so umgebaut, daß die Durchfahrt zwischen den Kegeln jeweils 40 cm weiter ist als die Spurweite seines Wagens. Damit man im Zweifelsfall genau sieht, ob ein Kegel berührt wurde oder nicht, werden Bälle auf die Gummikegel gelegt, die bei Berühren des Kegels herunterfallen.

Mindest- und Höchstzeit für die Durchfahrt durch den Parcours sind vorher festgelegt worden. Da es im Parcours nach Fehlerpunkten und Zeit geht, ist es also durchaus üblich, sein Pferd anzufeuern und dort, wo es die Strecke zuläßt, auch zu galoppieren, um möglichst schnell zu sein. Begeistern werden Sie bei diesem Hindernisfahren die Ponys. Im Gegensatz zu den Großpferden haben sie den Vorteil, daß sie in engen Wendungen, wie im L-Hindernis, wesentlich schneller als ihre großen Verwandten sind. Es macht große Freude, diesen kleinen Pferden zuzusehen, wie sie durch den Parcours flitzen. Und wenn der Fahrer sein Gespann gut an den Hilfen und auch das richtige Augenmaß hat, dann wird er auch wenige oder gar keine Bälle durch Berühren der Kegel mit dem Wagen abwerfen. So ist das Hindernisfahren spannend bis zum Schluß, und oft siegen die kleinsten Pferde dabei.

Da die Teilnehmerfelder relativ übersichtlich und nicht zu groß sind, werden auch die meisten plaziert, so daß jeder glücklich und zufrieden ist. Die Arbeit und der Aufwand haben sich gelohnt.

Der große Fahrsport

Sicherheit!

Ob Sie nun mit Ihrem Pferd spazierenfahren wollen, oder ob Sie, weil alles so gut läuft, Turnierambitionen entwickeln, vergessen Sie eines nicht: Sicherheit geht vor. Beachten Sie die Hinweise, die gegeben worden sind, und seien Sie nie mutiger und euphorischer als unbedingt notwendig. Wenn Sie sich 100% zutrauen, dann führen Sie 75% davon aus. So werden Sie und Ihr Pferd Freude am Fahren haben und neben dem Reiten eine neue Disziplin für sich entdecken.

Der Viererzug

Sozusagen die Krönung des Fahrens ist die Ausfahrt mit dem Viererzug (nicht vierspännig!). Nun haben die wenigsten vier Pferde zu Hause im Stall stehen, die auch noch alle im Geschirr gehen. Trotzdem ist es möglich, daß mehrere Besitzer von eingefahrenen Pferden sich auf eine gemeinsame Ausfahrt einigen und jeder ein Pferd zur Verfügung stellt. Im Gegensatz zum Ein- und Zweispänner werden für Viererzüge zusätzlich eine Vorderwaage mit zwei Ortscheiten und eine Viererleine benötigt.

Bevor Sie jedoch eine derartige Unternehmung starten, sollten Sie entsprechende Grunderfahrungen mit einem Viererzug gemacht haben, indem Sie an einem Fahrkurs teilgenommen haben, um die entsprechenden Handgriffe zu lernen und zu verinnerlichen. Unter anderen Umständen ist unbedingt davon abzuraten!

Einhorn und Tandem

Darüber hinaus sind weitere Steigerungen möglich. Voraussetzung dafür ist aber unbedingt das sichere Beherrschen der Hilfengebung zum Fahren eines Viererzugs. Sie können drei Pferde zu einem Einhorn zusammenspannen. Dabei geht ein Pferd vorne und zwei an der Deichsel. Beim Tandem gehen zwei Pferde hintereinander.

Viererzug, Einhorn, Tandem sind Anspannungsarten, die nicht als Fahren schlechthin beschrieben werden, sondern dabei handelt es sich um Fahrkunst. Der Weg dorthin ist weit.

Das Tandem ist übrigens eine typisch englische Erfindung. Bekanntermaßen liebten es die Engländer, zur Jagd zu gehen. Für die Schleppjagd mußten dazu die Hunde und das Reitpferd mitgenommen werden. Zum Transport der Hunde gab es schon einen Wagen, das sogenannte *Dogcart*. Vielleicht hätte es nun nahe

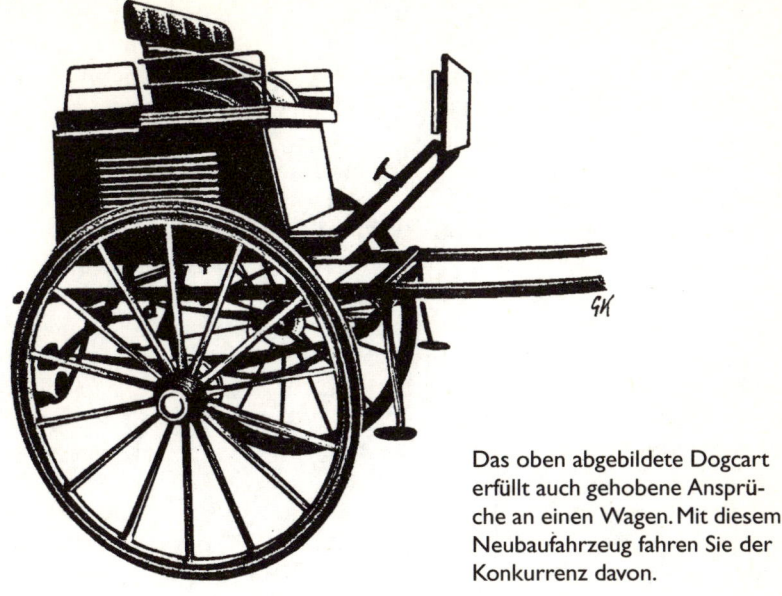

Das oben abgebildete Dogcart
erfüllt auch gehobene Ansprü-
che an einen Wagen. Mit diesem
Neubaufahrzeug fahren Sie der
Konkurrenz davon.

Das unten abgebildete Tandemcart wird stilgerecht gefahren,
indem zwei Pferde voreinander
gespannt werden.

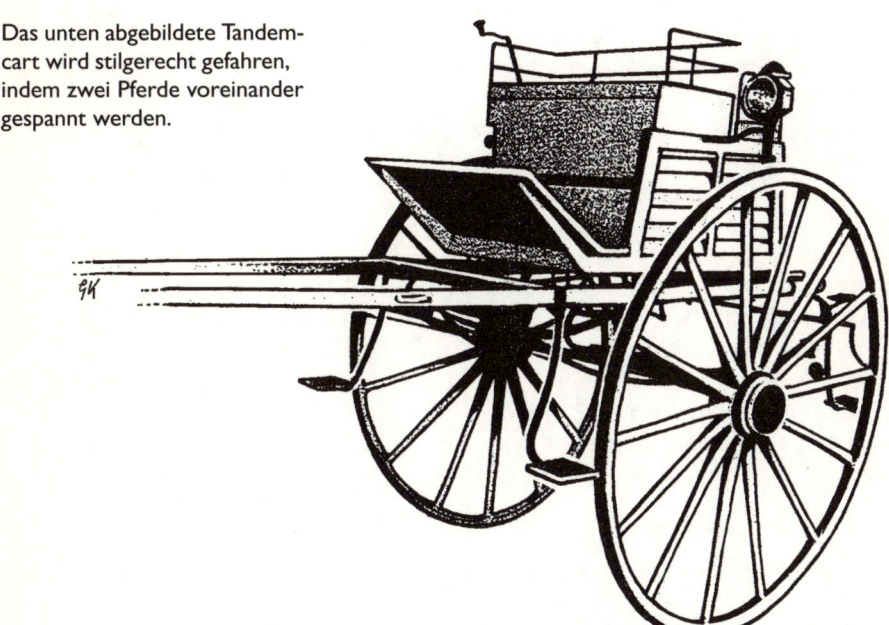

gelegen, vor das Dogcart noch ein zweites Pferd zu spannen, also zweispännig zu fahren. Dies scheiterte jedoch daran, daß die Wege zur Jagd zu schmal für einen Zweispänner waren. Das Reitpferd hinten an den Wagen zu binden, schied aus stilistischen Gründen aus. Deswegen wurde von den Engländern eine Lösung gefunden, die zum Tandem führte. Das Dogcart zur Aufnahme der Hunde wurde etwas höher gebaut und wird von einem Pferd gezogen (wegen der schmalen Wege), das in der Schere eingespannt wird. Das Reitpferd wird mit einem Geschirr davorgespannt, ohne daß es tatsächlich das Tandemcart zieht. Somit war eine Lösung geschaffen, bei der die Hunde mitgenommen werden konnten, der Reiter bequem an die Jagdstrecke gelangte und das Reitpferd trotz enger Wege stilgerecht mitgeführt wurde. Der Helfer, Groom genannt, durfte rückwärts auf dem Tandemcart mitfahren. Dafür ist dieser Wagen mit zwei Sitzbänken ausgerüstet, auf denen man Rücken an Rücken sitzt.

Das Fahren des Tandems sieht zwar von unten her für den Beobachter sehr schön und sehr einfach aus, und da es sich um nur zwei Pferde handelt, könnten Sie annehmen, daß die Leinenführung so ähnlich wie beim Zweispänner vonstatten geht. Vom Fahrer erfordert das Tandemfahren sehr geschickte und einfühlsame Hilfengebung, zum einen für das am Wagen angespannte und zum anderen für das an der Spitze gehende Pferd. Im Prinzip sind dieselben Hilfen bzw. Griffe wie beim Viererzug anzuwenden. Die Leinen zu den beiden Pferden liegen sehr dicht beieinander, und daher ist eine hohe Griffsicherheit unbedingt nötig, um ein Tandem fahren zu können. Zum anderen ist zu berücksichtigen, daß das Vorderpferd weder eine Anlehnung an die Schere oder Deichsel noch eine Anlehnung an ein anderes Pferd hat. Es ist daher erforderlich, bei der Auswahl des Vorderpferdes darauf zu achten, daß es nicht nur in der Größe paßt, sondern daß es vor allem willig und ohne Scheuen absolut gehorsam auf alle Hilfen reagiert. Anderenfalls wird es sehr schnell passieren, daß sich das Vorderpferd um 180° wendet und dem Fahrer entgegenschaut. Durch Widerwillen bei der Hilfenannahme oder durch falsche Hilfengebung kann es sich wegen der nicht vorhandenen Anlehnung sehr schnell um seine Achse drehen und steht dann entgegengesetzt zur Fahrtrichtung.

Als Vorübung dafür ist es daher sehr zweckmäßig, beide Pferde einzeln vor einer leichten Schleppe in der Halle oder auf dem Sandplatz zu fahren, indem man zu Fuß hinterhergeht und dabei die weiche Anlehnung und das gehorsame Annehmen der Hilfen übt.

AUF EINEN BLICK:

Was wiegt ein Pferd?

	Gewicht (kg)
Shetland Pony	ca. 250
Haflinger	ca. 400
Warmblüter	ca. 550
Vollblüter	ca. 500
Kaltblüter	ca. 800

Anhang

Weiterführende Literatur

ACHENBACH, BENNO von: Anspannen und Fahren, Reprint der Ausgabe von 1922; Warendorf 1990

BLENDINGER, WILHELM: Psychologie und Verhaltensweisen des Pferdes; Berlin – Hamburg 1989

Deutsche Reiterliche Vereinigung e. V. (FN): Leistungsprüfungsordnung (LPO); Warendorf 1994

Deutsche Reiterliche Vereinigung e. V. (FN): Aufgabenheft gemäß LPO; Warendorf 1994

Deutsche Reiterliche Vereinigung e. V. (FN): Richtlinien für Reiten und Fahren, Band V – Fahren; Warendorf 1991

KARL, PHILIPPE: Hohe Schule mit der Doppellonge; München 1991

LAMPARTER, CHRISTIAN: Die Fahrlehre; Warendorf 1990

LAUR, HERMANN P.: Das Fahrerabzeichen; Stuttgart 1994

OESE, ERICH: Zweispännig fahren; Berlin 1991

PAPE, MAX: Die Kunst des Fahrens; Stuttgart 1989

SCHRENK, HANS-JÖRG: Kutschen; Stuttgart 1991

SCHRENK, HANS-JÖRG: Neue Fahrlehre; Stuttgart 1992

Nützliche Adressen

Anerkannte Fachschulen für Reit- und Fahrausbildung

NRW-Landgestüt, Deutsche Reitschule, Gestütstr. 17, 48231 Warendorf

Westf. Reit- und Fahrschule e. G., Steinfurter Str. 103, 48149 Münster/Westf.

Landesreit- u. Fahrschule Rheinland, Bergstr. 62, 42489 Wülfarth

Hannoversche Reit- und Fahrschule Verden e. V., Lönsweg 9, 27283 Verden/Aller

Bayerisches Landesamt für Pferdezucht und Pferdesport, Landshamer Str. 11, 81929 München

Hessische Landesreit- und Fahrschule, Wilhelmstr. 24, 35683 Dillenburg

Landesreitschule des LV der Reit- und Fahrvereine Berlins e. V., Passenheimer Str. 30, 14053 Berlin

Landesleistungszentrum Bayern Nord f. Reiten und Fahren, Am Reiterzentrum 3, 91522 Ansbach

Reit- und Fahrverbände

Landesverband der Reit- und Fahrvereine Baden-Württemberg e. V.
Remsstr. 1
70806 Kornwestheim
Tel./Fax: (071 54) 18 06 32/
18 03 11

Verband der Reit- und Fahrvereine
in Württemberg, Schwäbischer
Reitverein e. V., Dornröschenweg 100
70567 Stuttgart
Tel./Fax: (07 11)71 41 91/71 78 38

Reiterbund Nordbaden e. V.
Rethelstr. 19
69163 Mannheim
Tel.: (06 21) 41 27 42

Verband der Südbadischen Reit- und
Fahrvereine e. V.
Brunnenstr. 14
77933 Lahr-Mietersheim
Tel./Fax: (07 8 21) 4 34 15/4 20 74

Bayrischer Reit- und Fahrverband e. V.
Landshamer Str. 11
81929 München
Tel./Fax: (0 89) 90 60 71/90 60 72

Verband der Reit- und Fahrvereine
Franken e. V.
Am Reiterzentrum 3
91522 Ansbach
Tel.: (09 81) 69 39

Verband der Reit- und Fahrvereine
Niederbayern-Oberpfalz e. V.
Klötzlmüllerstr. 1
84034 Landshut
Tel.: (08 71) 6 90 74

Verband der Reit- und Fahrvereine
Oberbayern e. V.
Landshamer Str. 11
81929 München
Tel.: (0 89) 90 71 77

Verband der Reit- und Fahrvereine
Schwaben e. V.
Bismarckstr. 62
86391 Stadtbergen
Tel.: (08 21) 43 20 74 oder 43 20 75

Landesverband der Reit- und Fahrvereine Berlin-Brandenburg e. V.
Regionalverband der Reit- und Fahrvereine Berlin e. V.
Passenheimer Str. 30
Reiterstadion
14053 Berlin
Tel./Fax: (0 30) 3 04 55 51/
3 04 67 30

Regionalverband der Reit- und Fahrvereine Brandenburg e. V.
Gregor-Mendel-Str. 10
14469 Potsdam
Tel.: (03 31) 2 38 11

Bremer Reiterverband e. V.
Posthauser Str. 123
28307 Bremen
Tel.: (04 21) 40 37 80

Landesverband der Reit- und Fahrvereine Hamburg e. V.
Friedrich-Ebert-Str. 59
22459 Hamburg
Tel./Fax: (0 40) 58 71 40/58 50 39

Reiterverband Hannover e. V.
Johannsenstr. 10
30159 Hannover
Tel./Fax: (05 11) 32 57 68/32 57 59

Hessischer Reit- und Fahrver-
band e. V.
Verband der Reit- und Fahrvereine
Hessen-Nassau e. V.
Verband der Reit- und Fahrvereine
Kurhessen-Waldeck e. V.
Wilhelmstr. 24
35683 Dillenburg
Tel./Fax: (02771) 23055/6203

Landesverband Mecklenburg/Vor-
pommern für Reiten, Fahren und
Voltigieren e. V.
Friedrichstr. 1
15755 Schwerin
Tel./Fax: (0385) 812424

Verband der Reit- und Fahrvereine
Rheinland e. V.
Endenicher Allee 60
53121 Bonn
Tel./Fax: (0228) 703364/657770

Landesverband der Reit- und Fahrvereine Rheinland-Pfalz
Burgenlandstr. 7
55543 Bad Kreuznach
Tel./Fax: (0671) 62810/793199

Verband der Reit- und Fahrvereine
Rheinland-Nassau
Kümmelsbergweg 9
56567 Neuwied
Tel.: (02631) 55759

Verband der Reit- und Fahrvereine
Rheinhessen
Verband Pfälzischer Reit- und
Fahrvereine
Ormsheimerhof 12
67227 Frankenthal
Tel.: (06233) 27389

Verband der Reit- und Fahrvereine
Rheinhessen e. V., Hospitalstr. 12
67551 Worms
Tel.: (06241) 33855

Saarländischer Reiterverband e. V.
Saaruferstr. 16
66117 Saarbrücken
Tel.: (0681) 586030 oder
586041

Landesverband Pferdesport Sachsen e. V.
Schlottwitzer Str. 3b
01277 Dresden
Tel.: (0351) 334382

Landesverband der Reit- und Fahrvereine Sachsen-Anhalt e. V.
Rogätzer Str. 22/30
39106 Magdeburg
Tel.: (0391) 54165

Landesverband der Reit- und Fahrvereine Schleswig-Holstein e. V.
Eutiner Str. 27
23795 Bad Segeberg
Tel./Fax: (04551) 84792/81797

Thüringer Reit- und Fahrverband e. V.
Anger 55
99084 Erfurt
Tel.: (0361) 51756

Verband der Reit- und Fahrvereine
Weser-Ems e. V., Mars-la-Tour-Str. 11
26121 Oldenburg
Tel./Fax: (0441) 882370/83163

Provinzialverband westfälischer Reit-
und Fahrvereine e. V.
Sudmühlenstr. 33
48157 Münster-Hadorf
Tel./Fax: (0251) 3280982/
3280966

Register